大展好書　好書大展
品嘗好書　冠群可期

大展好書　好書大展
品嘗好書　冠群可期

生活廣場 17

從愛看人性

黃孚凱／編著

品冠文化出版社

前言

「愛」的字眼，長久以來被人們濫用著，從心理學的觀點來說，「愛」，難免令人讀來有晦澀感。「愛」是人類渴求的情感，接受時的信號反應是，長久的喜樂感。

本書根據心理學的觀點來解析「愛」的現象。抽絲剝繭的道盡人類心中的愛，主要是把愛的共同要素、行動理論，及愛的語言原理、原則等加以定義化。然後以此為架構，利用精神分析法寫出來，使它具有可信度。

要求一個人盡善盡美，百人中難找一個。實務與理論相結合時，必須能適用於現實人生，本書都朝這個方向努力，雖然不能盡善盡美，但就像人生活中有空氣污染般的無奈。

本書共分「愛的理論」、「愛的形成」、「愛與性」、「愛與結婚」、「愛的類型」、「同性戀與未來的愛」六大章，有些部分還加入實例，輕鬆的將心理學的原理，應用於現實生活中，揮灑出讓你產生共鳴的篇章，如果你能不時地以心理學觀點來探討「愛」的行為，無疑地，你對愛的認知已經向前邁了一大步。

目錄

第三章　愛與性

第四章　愛與結婚

第五章　愛的類型

第六章　同性戀與未來的愛

第一章　愛的理論

愛是什麼

本書是敘述愛的種種現象，以及「愛的箴言」。坊間討論「愛」的書籍不計其數，本書的特色則著重於：由心理學的觀點，來看愛的現象，並進行科學性的分析。

如果沒有愛的對象，再偉大的愛都不能成就，甚至構不成愛，也無法引起別人的共鳴。

那麼，愛到底是什麼？現在讓我們先做這樣的假定——世界上所有愛的實例，都會令人感動的，他們也確信，愛是至高無上的。

雖然這麼說，卻也深知大家都錯估了愛，這是因為「愛」不斷地發揮它的魅力的緣故。

專家訪問了一百五十八人，以了解他們對愛的看法，結果如下：

能充分適應愛的人——在孩提時代，都得到充分的愛，長大之後也能愛與被愛。所以，孩提時代是否獲得愛，成為一關鍵期。

這也是一百五十八位人，共同的重要體認。

這個原因使萬物呈現生機。

現在再讓我們假定，愛不但有意義，也有概念，然後再觀察並分析愛的現象。採用的分析法是以心理學為架構，這種分析法理應受矚目才對。

遺憾的是，它卻備受冷落。

在此，不妨先敘述愛的理論和研究本書時應有的態度，並期待大家把它運用到實務上。原則上，本書並非「愛的入門書」，而是將「愛」的本質及原理做個說明。

還要一提的是，本書的論題是「愛」，而非性。性、愛原則上應適當地分別，雖然有時它們也會交融在一起發生作用。

譬如在性愛的發展過程中，性是愛的最高極致。本書對性與愛的問題將作更透徹的觀察及分析。

另外，如何提高性和愛的層次。為了探討這個問題，必須先描述各種愛的狀況，因為在不同的場合所表達「愛」，會產生不同的反應；而且由於對象不同，表達的方式也不同。

在「愛」的狀況中，經常會流露真情，如對寵物、朋友、孩子、丈夫、妻子、情人等，這些愛的對象，當然包括有生命和無生命的。我們也曾對玩具狗熊訴說自己的愛。

的確，即使是內容相同的情書，也會因不同的閱讀人，而有相異的情感反應。

我們很瞭解戀愛期間情感反應上的差異。但是，這一切的感情源頭在哪裡？對不同的主體有類似的愛，又是為什麼？確實值得大家討論、分析。

我們都有一個共同點，那就是對事物有一定的認同——珍惜有價值的事物，知道哪些是我們想要的。

例如想念某人，或明知和他共處會惹來麻煩，但仍想和他在一起，這些都緣於心中的愛。沒人強迫，也不是任性作祟，這就是愛的表現。

這種愛更具對象化，以「愛」來表達自己的感情，大有人在。

雖然人類具有想接近愛的對象的煩向，但這個傾向並非只限定某個對象（動向），如人可能同時愛上某人和某種電動玩具等。由於愛的對象不同，產生的願望也不相同。

不同的「愛」，會產生不同的結果。

如飢腸轆轆時，會覺得吃漢堡比什麼都好吃，吃飽了再看漢堡，就沒什麼胃口了。

又如，小說在你眼中是最具魅力的，肚子吃飽時就不覺得它有魅力；同樣的，沒有愛情，但有了性慾時，依然可以進行性行為，就是基於這個道理。

還有，對一樣的對象，也許也會因時空的改變，而降低先前的熱愛。

愛戀的心，和帶有性衝動的情感，是截然不同的。兩者最大的差別在，當性行為未達高潮時，會認為——如果和愛戀的對象在一起，一定會很快達到高潮。

親戚或朋友也一樣，當你對他們付出愛心時，不管對方反應如何，你都會為愛而心甘情願的付出。

此外，你還會關懷對方，保護對方。這種感情可以超越時空，只要有對象，這種親情之愛，永難抹煞。

還有一種愛的表現——人類的基本需求。並不是只有住豪華大廈的人才愛他的家，住陋室的人也一樣愛他的家。愛家的喜悅和快樂，並沒有特定的標準對象。

一般說來，聽到「愛」字，最先令人聯想到的是異性之愛。也許，你真正關心的也是這個問題。

一談起戀愛，情侶們就像飛翔在空中般的喜悅。不可否認，愛戀的對象是這世界上最重要的人。

譬如，我想接近的對方會帶給我快樂。不管是純純的愛，或有性行為的熱愛，都有神似之處，也有不同之點，頗有如人飲水，冷暖自知的意境。

對愛有疑問的人，請找出問題的癥結。愛的遠景如何?什麼感覺才是愛的感覺?如何愛人及被愛？本書將對這些問題作答。

目前還不能透露「愛的箴言」是什麼，因為你還沒準備好。至於什麼事才會衍生「愛」的問題，會慢慢告訴你的。

現在先簡述什麼叫「愛的問題」。

愛先要有「對象」。廣泛的說，兩個人彼此相愛，穩定的交往，沒有特別的要求，也不以獨佔為滿足。

這是不是愛，能否把愛詮釋得很貼切？

把愛看成合理的行為，是否能和其他愛的行為一致？或因愛而衍出怪異舉止，如茶不思、飯不想才算合理嗎？

在對現有的「愛」有廣泛的體認後，再就愛的行為特性簡要說明如下：

我們並非為與特定對象培養愛情才生為人，可是，在沒有學會任何事務、任何經驗前已降生為人了。

懵懂出世後，才慢慢培養愛心，又為了要真心愛上某個特定對象，我們經由深度的接觸後產生愛意。這時，我們可能需要愛，或愛上什麼？

這是最真確不過的。

以心理學的觀點來看，「愛的行為」的學習過程很繁複，也因而學出不少問題。所以，原則上愛的行為是否和其他行為的學習動機相似？我們透過學習，能否更了解「愛的對象」呢？這是肯定的。

例如，我們經由學習，知道哪些食物怎樣烹煮才能吃，飢餓時吃了食物後就不再飢餓，同時，我們還學習怎樣止渴，以及到哪兒取暖等。

這些日常生活的點滴和愛一樣，都是經由學習才會的，不同的是，愛的對象，不是隨便可以找到的，有時又顯現絕對的單純和直接。

例加，飢餓時吃牛排很好，口渴喝水止渴，都是正確的理論。

可是，愛人陪著自己的滿足感，不是言辭可以表達的。如果要依據心理學的理論來分析，只會使你滿頭霧水而已。

一般人都會覺得愛是混亂複雜的。下面將介紹有關「愛」的術語和理論。

愛的行為

「愛和飢餓時吃飯，口渴時喝水一樣，必須經由學習才有反應。」總之，學習是行為的原動力，和其他想進行某種行為的「衝動」一樣，是經由學習後，所完成的一種歷練。

所以，「愛」是經驗的產物，並非與生俱來的。例如，嬰兒學走路時，當他舉步維艱地踏出人生第一步時，牽繫著多少親人的期盼。

事實上，他無須練習，將來自會因「成熟因素」而擁有這方面的才能。當然，練習或訓練還是有幫助的。

「愛」和走路不同，它是生物的二次性的反應。「愛」，有情緒上的反應及期待，也意味著「心中有火花」。總之，「愛」是心靈世界的主宰。

愛的反應受自律神經系統控制（自動的、不隨意的神經）。這裡的愛，泛指所有的愛，所以，不能用客觀的方法觀察，但如以個人的立場來說，則有強烈性。

行為的衝動及愛的反應到底有沒有關聯？

這種行為，只是一種想接近人或物的行為。所謂的接近，不是指身體在物體間的移動，而是指「心理的移動」。譬如，男孩以眼睛追隨漸行漸遠的女郎身影，是心理上接近的反應，也是愛的初期反應。

如何學會某些事呢？需要有各種說明。

像心理學家之間，彼此意見未必一致，因此，必須經由很多現代學習理論，才能獲得我們所要的一連串原理。

有位心理學家曾發表如下論點：

人類永遠追求更高層次的生活型態，對某件事項迫切需求的訊號（這些訊號心理學者稱為刺激）會反應在行動中。

行動傳達後，經常會附帶懲罰、不愉快而連結成恐懼的訊息。也有因快樂和喜悅的訊息，而成為快樂的反應。

這些恐懼的訊號，會引起預想的疼痛或希望，在心理學上統稱為制約反應。以下是動物實驗的例證。

在飼育箱中，讓白老鼠反覆聽叮噹聲後，再予以電擊重複多次後，白老鼠一聽到叮噹聲便恐懼異常。

老鼠不通人語，無法將痛苦的感覺告訴我們，但我們可由雙眼、雙耳感覺老鼠的心態。

乍聞叮噹聲，老鼠不覺有異樣，但反覆幾次叮噹聲後，馬上電擊，從此老鼠只要再聽到叮噹聲，嚇得耳朵馬上豎起來，排尿、排糞的次數增多，吱吱的恐怖叫聲，隨耳可聽聞。

這和初聞叮噹聲的愉悅表情簡直不能比。叮噹聲和電擊聯結在一起，讓老鼠透過叮噹聲的訊息，感覺到疼痛的訊息。

這種會造成威脅或引起恐懼的訊號，將使老鼠心生畏懼，但是，如果我們能讓實驗中的動物明白，踩踏板，便能使叮噹聲停止，電擊失效；或一聽叮噹聲，馬上踩踏板，就能解除恐懼感，這就是心理學上二次性階段理論。

動物在實驗中，首先學習到「害怕、恐懼」的訊號，接著就是想排除恐懼感，如前述的實驗那樣，老鼠也想減輕自己的恐懼感。

這種想解除恐懼感的心態，在學習的過程中，所產生的各種反應，我們稱為一次性的負的增強作用。它會形成痛苦及衝擊。

它被用來代表：不愉快又給予懲罰或感到厭惡、刺激的事物。

世間所有動物（包括人）的共同特質是，採取一次性的負的增強作用，如逃避或使傷害達到最小限度的方法。

這種作用和引起恐懼、不安連結起來，便稱為二次性負的增強作用，也是經由學習而來的負的增強作用。結果，我們將這些二次性負的增強作用，看成引起恐懼或不安的訊號或期待。

一次性負的增強作用，在動物中，是一種經由學習而來的負的增強作用，和逃避一次性的負的增強作用反應，非常相似。

總之，動物都會因危險而產生恐懼感，或因疼痛引來不愉快的經驗。為了怕引起這些情緒的反射，他們總是極力的逃避。

※　※　※

我們再來看，如何學習引起希望的情緒或報酬的側面反應。同樣的，我們也以動物實驗來探討這個問題。

實驗中，如果在鈴聲出現後，讓食物自然地掉入老鼠的飼育箱中。飢餓的老鼠有東西吃，自然會有舒暢感。

老鼠的反應和前述的電擊一樣，但因為是食物，所以老鼠不會逃避，反而會接近。這種作用心理學上叫做一次性的正的增強作用。

食物吸引老鼠接近。如此反覆幾次，鈴聲一響食物落下。以後老鼠會凝神聽鈴聲，學習喜悅、舒暢感，這就叫做二次性的，也是學習性的正的增強作用。

如果再教老鼠，一踩踏板，鈴聲和食物會不斷的重現，由於鈴聲帶來愉悅的訊息，所以，老鼠對踩踏板會產生接近行為，這個行為經由學習而來，我們稱它為：二次性的正的增強作用。

這個希望的訊號表示，消除學習中的痛苦，及不愉快的經驗，和飢餓時吃飯，口渴時喝水的生理需求的滿足感是一樣的，更重要的是，踏板帶來了希望，讓老鼠產生接近的慾望。

現在整理一下前面說過的術語和心理概念。

一次性負的增強作用：

意味或多或少的威脅感（刺激）造成疼痛或不安。

二次性學習負的增強作用：

透過一次性負的增強作用，所給予的懲罰（訊號帶來刺激）提示，會引起恐懼、不安，也就是會得到恐懼、危險的訊號。

逃避行為及逃離反應：

對於負的強化作用，我們會想逃避它帶來的痛苦、不安，這種逃避是經由學習而來的（稱為二次性學習負的增強作用）。

而能預防或逃避實際上的懲罰，如踩踏板行動，也是一種逃避心理下的反應。

一次性正的增強作用：

這個作用是指能產生報酬或刺激，而且會減輕痛苦，能獲得舒暢感，有如飢餓時吃飯，口渴時喝水一樣。

二次性正的或學習的增強作用：

由於和正的增強作用聯結成報酬（或刺激），這種作用被提示為喜悅，它帶來了希望，並意味能減輕痛苦，和二次性負的增強作用剛好相反（二次性負的增強作用會反應恐懼、不安），而且能排解緊張，和它所暗示的事連結成：希望、愉快的經驗。

接近行為或接近反應：

正的增強作用能發展成莫大的喜悅（男孩子眼盯著漂亮女郎的接近行為），這種行為經由學習而來。總之，一次性正的增強作用的反應，有時是學來的，而二次性正的增強作用則是針對接近行為的反應而來。

接近與逃避

表示逃避與接近的方法很多。

無論是接近或逃避某些刺激，用身體的行動或語言來表明，只不過是諸多方法中的一種而已。

我們以老鼠和猴子為實驗對象，決定以造成恐懼或希望的兩組進行實驗，觀察它們是否有逃避或接近的行為。

因為人為萬物之靈，才智高出一般動物甚多，所以，能使用其他奇妙的方法來逃避或接近，而不若動物那般單純。

如第二次世界大戰，在德軍的集中營中，放映許多德軍對俘虜不仁道的殘酷影片給戰俘看。

大部分戰俘都露出不敢看的舉止，不是把眼睛移開畫面，就是垂下眼睛。

顯然地，因那些恐怖的畫面，他們有想逃離現場的衝動。這種逃避的行為，就像下述。

由於某種想法造成不愉快，或有威脅、不安、恐懼等，為了逃開這種感覺，最好的辦法就是忘掉它，或不理它。

有的則變更主題，回想一些愉悅的經驗。如果碰到個性極端者，不是壓抑衝動，就是對會產生恐懼、危險的訊號連根拔除以逃避。

以上都是牢記在心或被提醒過往慘痛經驗時，所採取的逃避行為。

接近行為也一樣，象男子仰慕某位佳人等，自然會想和她在一起，這種接近行為的微妙感覺，也和逃避行為一樣。

要判斷某種反應是接近行為，還是逃避行為，通常都以它強調什麼來做決定。要區分兩者，並不容易。

因為在接近反應中，會有部分想逃避不愉快事件的心理。

而逃避反應也大都帶有接近的性質。換言之，接近某個對象，是為了追尋屬於自己的天空。

為了逃避恐懼感的訊號，人類也和老鼠一樣，想接近踏板，以減輕恐懼感。

現在我們運用這個原理來探究成為愛的對象的人物（這對象是一種刺激、或二次性的增強作用）。他的魅力多寡，完全在他是否能減輕不安感。

這和老鼠想逃避電擊、接近踏板的意願是一致的。因為踏板會帶來食物，同樣地，那人出現時，也足以緩和不安感、恐懼感，所以才成為愛的對象。

如再加以「利用」，這個愛的對象將成為經由學習而來的二次性正的增強作用。這將是希望的訊號，同時演變成愛的對象，幫你解除痛苦。（當然也接納情人的進言：你摟著我吧！那樣不但可以抑制你的性衝動，而且也不會破壞我們純潔的情誼！）

如果一次性的增強作用，不會產生恐懼感，而是伴隨希望的訊號。那又如何？

譬如，種種因素使我喪失情緒反應的能力，我無意淡化這種情緒，是自然產生的現象，這就是所謂的消除學習。

再詳細說明一下。如前述實驗室中的老鼠，如果於叮噹聲之後，沒有伴隨電擊或食物，再重複幾次，老鼠會發覺，叮噹聲沒任何特殊意義，既沒痛苦，也沒喜悅的報酬，於是老鼠對叮噹聲就無動於衷。

前述的消除學習的架構就在此。現在讓我們再來看——

當這種恐懼及不安消除後，逃避或接近反應也隨著完全消除。

也就是消除一次性的增強作用，就能消除學習的反應。如果老鼠不會被電擊，也沒獲得任何食物，那麼，老鼠絕不會有踩踏板的念頭，不管叮噹聲如何響，牠根本聽而不聞。

這個事實，並不奇怪。因為引起恐懼或愉悅的經驗已淡化，老鼠的學習反應自會完全消失。

消除後的另一現象是，恐懼和希望訊號沒任何實質上的差異。

恐懼引起的逃避行為，事實上比希望帶來接近行為，消除得更慢。也許，人對恐懼之事，不容易忘記。所以，恐懼比希望的訊號，更震撼人心。

為什麼逃避行為會比接近行為不易消除？

一般而言，動物對事件的反應，因恐懼而想逃避的訊號較多，喜悅帶來希望的訊號較少，所以，經常會有某種程度的逃避。因此，即使有刺激，也不會全盤接納，總會藉著逃避來減輕恐懼感。

對希望的訊號，一定會有接近行為，但是，如果得不到報酬，有時會馬上警覺而退卻，或更積極的接近，以爭取報酬。

那麼，產生消除的時間到底需要多久？

讓我們來算算看。在學習過程中，一次性的增強作用，如恐懼或希望的訊號，在實驗中被提示幾次，就會造成很大的影響。

在「增強作用」的過程中，學習時的增強因素一定在訊號之後。也就是說，訊號之後才有增強作用。

給與訊號時，也在對方無法預測未來的狀況下，再給予消除學習階段。這兩者相互比較，給訊號的一方，容易消除。

訊號和一次性的增強作用，如偶爾在無法預知的情況下進行，這個訊號提示將被稱為：隨機間歇增強過程。

這種過程是指消除緩慢——對於清除有高度抵抗力。

在某種狀況下發生消除學習後，以老鼠為例，叮噹聲引起的反應，如對恐懼的逃避行為，或對希望的接近行為，完全消除後，所造成的一次性的增強作用，並非經由學習而是自動恢復或解除的心理，就稱為自發性回復。

這種狀況改變後，某種行為的動機將重複出現，最後，增強作用的結果，如果不是完全消除就是產生接近行為。

尤其是，自認為已經完全消除恐懼反應的人（或患者），如果再讓他回復到早先恐懼的情境中，也許患者早已麻痺，不再有任何反應，當然，也可能「一朝被蛇咬，十年怕草繩。」

類化作用與辨識作用

假如讓訓練後的老鼠，聽各種不同的鈴聲，在新的訊號下達後，老鼠會有什麼反應？

是繼續聽？還是踩踏板使訊號停下來？

不同的老鼠會有不同的反應，以上的兩種情況都可能發生。

如果訊號和實驗時的訊號相似，那麼，老鼠會有類化作用，不會那麼恐懼或喜悅，這個原理很重要。

因為動物如無類化作用，又無反應，一定將不久於人世。

總之，大自然界，幾乎不可能發生兩次遭遇類似的事件，但人的類化作用，仍會發揮到極致，而以個人不同的人生閱歷去解釋並認同相關聯的事件。

「訓練」會轉移人的好惡，也就是說，動物經由訓練後，等於是處在新的學習狀況下。

類化作用和辨識總是相對的。類化作用是指人對不同事件有相同的反應，辨識則是對不同的問題，有不同的反應。

假如新的鈴聲，如果不附帶增強作用，那麼，老鼠將不會再有反應，也失去了學習的作用。

反過來說，如果鈴聲伴隨電擊、食物等增強作用，那麼，老鼠一聽鈴聲一定會有反應。以此演繹，動物（包括人類）對刺激，會有反應不同的差異。這種以不同的方式來應付刺激的反應，心理學上稱為「辨識作用」。

對類化作用或辨識概念有切身體驗者，十分難得。

經由不同刺激可形成概念。雖然這些刺激多少會有相異之處，但是，如果將學習過程中的一切刺激，都用某種情緒或方式反應出，那麼，這些反應一定有共同性，仔細分析會發現它有類化現象。

舉例來說，眼前有十個球，外型很不相同，有的硬，有的軟，顏色不同，大小也相異，可是，它們共同的特徵是——都是圓形球體，而且都會滾動。

「圓」這個概念，在學習過程中，便很單純地透過增強作用及類化作用，或辨識行為，使我們明確地接受圓球的概念。

如前所述，猴子對很多圓的東西（不管有沒有看過），反應也一樣。例如，對方形體會以不同的方法導出這樣的觀念——方形體不會滾動，而且呈靜止狀態。

在我們日常生活中，我們不太可能只靠「概念」生活。無論在何時何地，都試著將不同的事物加以分類成各種刺激。

依照這種分類法，你會感到這些概念非常微妙，比方說，男孩或女孩看到一位可愛的對象時，會比較他（或她）的美醜。

男性可能以自己的審美觀來判定女性的美醜，而加以分類。

「愛是盲目的」，這句古諺起源於美的知覺因人而異的事實。美與愛情關係密切。此外，「性感」顯然也與「愛」的概念有關聯。

有時，我們依靠情人的身體語言，享受閨房之樂，針對這種喜樂加以分類，我們可以發現，如聯想起性感女神拉蔻兒薇芝，我們可以享受得更愉快。但如果聯想起喜劇女星菲里絲李琳，則完全相反，因為李琳不能給你那種刺激。

有趣的是，雌老鼠的性感度也有不同，至少在發情期，有的雌老鼠會吸引大批雄老鼠，有的則不能。很鮮吧！

來，再來整理一下這些術語吧！

消除：意味增強作用減弱或消失時，反應也自動消失。

至於消除是否能很快地達成，要看學習中，增強到什麼程度，或何時增強來決定。

自發性回復：不再增強，則不會有新反應，恢復原狀。

類化：據原來的學習訊號或刺激，將反應轉移到新的刺激上，使新、舊刺激愈形相似，本人的適應力愈來愈良好。

辨識：面對不同的刺激，以不同的方式反應，和類化作用正好相反。

概念：是指對具有抽象化的共同特性的群體、階層，加以刺激，而他們的反應方式都一樣，也是類化作用的型態之一。

另一個自己——自我

自我評價是非常重要。自我評價和球是圓形一樣，都是一種抽象概念。

成功或失敗的經驗，可以凝聚成一種自我評價——我能做什麼？不能做什麼？有了自我評價，在人生的歷練中，會有成功感，也有挫折感，人在這當中找到自我。

自我評價含有對事物的慣常反應。如我的主觀和客觀力如何，外人根本很難理解，對你的評價，只依形象來認定。

自我評價是目前測定自己成功或失敗的最有效的「秤」。

我們透過自我評價的要求，來評定是否達成目標？達成就覺得喜悅，未達成就有挫折感，價值感影響愛情，透過增強作用，情侶們會互相確認一下自我。

如前所述，一次增強間歇性質的我（自我），在接受無望或恐懼的訊號時，清除會強烈抵抗。

換句話說，一次性的增強作用經常比二次性的增強作用引起更強烈的接近行為。這一接近行為，導致一次性的增強作用的質量同時擴張。

如鈴聲後，給予不同的食物和水或性衝動在有性愛對象時，即能展開性行為。

事實上，一次性的增強作用可以成為非常強力的訊號，是因為它的結果無法預知。譬如，鈴聲後，造成一次性的增強作用有什麼結果，我們無從預知，所以，它會造成希望感或引起接近行為，其消除抵抗非常強烈。

在二次性的增強作用過程中，幾乎不會有接近行為，就像勝算極小的賭博一樣，終會消除。

二次性的正的增強因素，聯結種類量、報酬，就稱為類化二次性的增強作用。錢和獎勵值得我們努力追求，如能得到，可以使我們在精神上獲得很大的滿足，並對這兩者有強烈的接近行為。

愛是反應類化作用的希望訊號，帶有快樂感。

愛的正的增強作用是，愛的對象會吸引你，使你印象深刻。此外，不管需不需要學習，它都在各種狀況下，或環境中發生作用。

總之，愛是經由學習而來，本章就是以如何產生愛學習理論為背景，做詳細分析。

在這學習理論中的增強作用，其愛的概念強調的是，被學習來的概念，而報酬、懲罰聯結成訊號是控制的變因。

所謂「愛」，就是一種接近行為，和報酬、經驗有密切關係，由於無法預測結果，所以必須經由行動才能得知。

消除（學習解除），自發性回復（回歸反應），類化（訓練轉移）、辨識（瞭解兩種訊號的差距）都會影響接近慾望的強弱。概念的形成和自我評價有重要的功能。

第二章　愛的形成

增強作用的愛

從第一章中各位已經知道愛有很多種類，但是種類雖多，卻有一個共同點，那就是應有愛的對象。一般說來，並不限於某種特定情況，才能和心愛的人共享同處的喜悅。換句話說，戀愛對象的增強作用會很快地躍向各方面。

愛的對象和多類報酬聯在一起，特別是在報酬與增強作用完全無法預測的情況下，才成為一次性的增強作用因素。所以，愛的對象愈複雜，愈容易產生問題，當然從另一面來說，也可以和愛的對象享受各種情趣。

愛的對象引起的增強作用，確實因「對象」而複雜化。他們具有各種方式及增強的能力。假使人人都能引起各種增強作用，而且以別人無法預測的方式進行，那個人就能成為二次性的增強作用因素。

只要某個人成為二次性的增強作用因素，就表示這個人已經被愛了。換句話說，他成為某人「愛的對象」。

像這種一次化，是和愛的對象有關係，同時也存在各種愛中。很多人利用各種不同的方式來相互增強。也可以說，他們廣泛的在人際關係中散播各種增強作用，而產生各式各樣的愛。

一個配偶會以各種充滿希望的訊息強化對方，但是，這種強化的方法，和朋友間互相強化的方法稍有不同。母親對孩子的增強，和妻子對丈夫的增強也略微不同。一般說來，剛開始所有人都會給對方各種不同的報酬，經過一段長時期的交往後，才會產生「真愛」。

想在短時間內創造這種多樣而難測的增強作用，是不可能的。可是這並不是完全否定「一見鍾情」。也許你會對這種說法感到驚訝。

我們對某人的愛，能不能發展，完全看某人。要使這分愛成為多種報酬體驗的來源時，報酬的多樣性、難測性及決定性都非常重要。在什麼情況下，哪種人能得到哪種增強作用？只要在明確知道那個人會給某些東西時，才會和他交往。

相對的，如果把常體驗的各種快樂和某人連在一起，我們當然會不斷追求能引發這種快樂的對方。那個人正是表示各種報酬可能性的訊號，所以，只要那個人在我身旁，我就感到快樂。

這等於是在談論一個人能否像「喜歡情人」般的去愛親朋好友！差異到底在哪裡？

如前所述，主要是因增強作用的種類不同。由於增強作用不同，才會產生各式各樣的人際關係。其中最明顯的就是性（它在任何一方面，都足以成為強力增強作用的因素），在「愛情」關係中，它擔任重要角色。

性不單是增強作用因素，也包含多層面的意義。的確，性在肉體上造成的快樂，是一種強烈的報酬，但它在愛情中並非唯一重要的增強作用因素。

下面就異性愛的發展加以敘述。

異性愛的發展

全世界的文化，都紮根於異性愛，其中以性魅力的概念最透徹且深具價值。在人類的情感中，這一點最重要。一般說來，好幾千年前這個概念就存在文化結構中。而在文化的流傳中，大眾傳播媒體卻把它狹隘化了。

例如談到異性愛時，多半先強調女主角喜歡英俊瀟灑的英雄。事實上，英雄本身就是個具有魅力的人，所以有時也應該強調一下別的特色，或要求有個性的魅力。奇怪的是，事情發展下去後，卻又變成是否具有性魅力。

如果說一直強調性魅力是強烈的增強作用，也還無可厚非，但是大部分電影、電視自始至終，都一成不變的著重在求愛，或刻意製造引人遐思的事。於是往常把「征服對方」或「斬獲」說成最大的報酬。

事實上，肉體上的快樂並不是最重要的。最重要的應是引起有魅力的對方的青睞。如果有可能，就把他佔為己有，於是就產生了能和對方情投意合的成就感。

這種感覺，每個人小時候，就體會過了。這時只要感到別人有同感，就會更努力的想得到他（她）的青睞，而成為自己的報酬。

如果還想透過迷上別人來證實自己的能力，就會提出性要求，看看自己適應力是否正常。這一點對所有的人都很重要，尤其對某些人更是重要。為什麼？

因為在所有人心中，幾乎都有某種程度的不安感及自卑感。在小時候剛懂事時，就感到無法抵抗其他人（他們的年齡比較大，體格魁梧而且聰明），因為他們具有解決複雜問題的能力。然後隨著年紀漸長，自己處理問題的能力也逐漸進步，於是把順利解決問題的能力，收入記憶中。雖然如此，仍無法完全抹去小時候那種無力感。

年幼時第一次學得的幾個概念，範圍廣泛，內容空洞、曖昧。所以，這一次雖是自己體驗的，卻無法用言語表達。

也許隨著成長壯大，慢慢地會感到自己體驗的和小時候所記存的概念互相衝突。這些概念並非完全得自語言而來，如果要明確的定義這些概念，不妨說它是經由特殊的學習方法形成的。因為兩種互相矛盾的感情經驗無法求一致，所以，我們還是不能拋棄這分廣泛、空洞的初期的自我感情。

再說，初期的學習是偶然的，以專門術語來說，就是一種非常無意義（random）的增強作用。就像第一章說過的，這種作用會把小時候形成的某種自卑感，延續到長大成人。這種持續，常常會和長大後的學習材料互相抵抗。

此外，這種難以消除的感情還有後遺症——一種極不愉快的感覺，於是我們會儘量的躲避這種感情狀況。換句話說，也就是在逃避會引起自卑感的狀況。這麼一來，這種感情就更難消除。

於是我們心中繼續存有自卑感，而這種不愉快的感情也會引起不安。

這時，只要出現能減輕不安感，緩和這種不愉快感情的人，他立刻就會引起很大的增強作用。換句話說，如果有一個魅力十足的人喜歡你，那麼你的心情一定會很愉快，心中立刻激起想「接近」這個人的意念，也就是想和他交往。

此時，對有魅力的異性表示好感，就是一種很好的報酬。這種經過培養而產生的異性的羅曼蒂克愛情，就是各種增強作用的一種。

大部分的人在兒童期或青年期，其心中都會有一個理想的異性形象，可是這個形象是不完全而且模糊不清的。事實上，能找到一個和自己理想完全相符的異性伴侶，實在也很稀奇。

在某些小女生的心中塑造出來的情人是，喜歡冒險、不修邊幅、不喜歡受約束，甚至行事不負責任。

要在年輕人身上找到這種特質並非不可能，反正情人有完全的決定權。

很多男女初見時，會「一見鍾情」。這是因為對方剛好符合自己在下意識裡所建立的理想形象，透過感官，直覺的喜歡對方。

這時如果對方也對自己表示關心，那他就會認為自己在社會上及性方面的適應力很正常。這並不是粗糙的愛情開始，相反的，應該認為是自己理想中的愛情開始萌芽了。但是，那只是剛開始而已。

真正的愛情除了一開始就被對方吸引外，還要發展。這時一定要努力使自己成為對方有效的類化二次增強作用因素。這要花很多時間努力，絕不是一蹴可幾的。

一對情侶必須能彼此感到幸福，並將這種幸福感建立在實質的生活上。當然，最重要的還是要成為對方增強作用的訊號或來源，使對方堅信自己是適合他的人。

像對另一半付出真心的關懷，體會情人的感受，對朋友的意見也能由衷的尊重等，都能使別人認同自己的感情。雖然只是剛開始，但足以表達你對對方有好感。又如在一起活動，無意中增進彼此的快樂，或留意對方的需求，使雙方獲得滿足。這些行為都能有效的拉進雙方的關係。

但是很不幸的，許多人的人際關係都不很成功。最重要的原因是，一般人無法真正的了解對方。

舉個例子，某人非常缺乏自信，老是覺得自己毫無價值可言。這時，即使有個具有性魅力的人向他表示關心，他不但不會遽下結論的認為，對方向自己表示關切，正是自己有價值的證明，反而會立刻低估對方的價值而認為：「會看上我的人，一定也不怎麼樣……！」

這種自貶的想法實在很可笑，也極不容易修正。對他來說，每次情場上的征服，只不過是空洞的勝利，和另一個不美滿的結果罷了。

總歸一句話，在接受別人的愛時，要認清對方的價值。可是在那之前，必須先認清楚自我。

最能證明這種見解的是華仕德的報告。他的報告顯示，一個自我評價低的人，如果不清楚情況，容易誤認自己的決定一文不值。相反的，自我評價過高的人，常常會高估別人曖昧的見解。這個結論讓我們了解下面的事實：

在日常生活中，自我評價高的和自我評價低的人交往，多半能在彼此有好感的狀態下起反應。

現在再把情況改為在「正常」的狀況下進行。不妨以下列情節為例，說明戀愛發展的過程。

年輕的王建跟文娟個性都很活潑，人緣好也很懂事。他們各有朋友，在某次家庭派對中認識。雖然這是他們初次見面，但彼此都被對方吸引。有很長的一段時間，他們互相開對方的玩笑和聊天，等舞會快結束時，立刻約三天後再見面。

他們都很清楚自己多麼期待三天後的約會，而且都希望對方眼中，魅力十足。於是在下一次見面時，王建開著車帶文娟快快樂樂的兜風。為了能吸引文娟注意，一路上他非常體貼，文娟的作風也一樣。他們的行為出人意料的相同。

事實上，這正是他們心中所想的，而且他們一直在想，如何才能分享兩人的喜悅，於是他們親暱的同喝一杯果汁。到此為止，他們是墜入情網了。

到了下次約會時，兩人就更親密了，也愈來愈了解對方。他們愈是親暱，就愈拼命的想討對方的歡心，而且努力地想要了解對方。

這時，他們的感情正處於最熱烈的階段，但這並不表示他們已經真正了解對方，或感情已穩若磐石。在這期間，還有兩件事正在進行。

第一件是，他們互相衡量對方在性方面能否配合自己，互相關心能否帶給他們高的報酬。

第二件是，他們借助對方的力量，避免接觸事實，而給了對方一個不正確的印象。而這種錯誤的印象和對方所盼望的形象相當一致。對他們來說，這種作法很不錯，只可惜不能長久的維持下去。

雖然這一階段正順利的進行，但還是產生了別的過程。他們同進同出，行動一致，因而感到十分喜悅。

他們開始真正的享受交往的樂趣，並且把享有的快樂體驗累積下來。等他們完全確定對方愛自己了，才會覺得舒坦。

眼看自己終於獲得對方的心，這就是相當高的報酬。因為對方能使自己肯定自我的價值。像這種「給予」，才是異性愛中，最重要的愛情報酬。

可是這個世界是現實的，所以，這種錯覺無法長久維持下去。另外，讓彼此動心的因素，也逐漸消失。可是因為互相的關心仍維持到現在，於是原先的努力要讓對方欣賞的熱勁，開始被忽略了。

當然，這並不表示一切都不好了，只是兩人的關係，必須面臨挑戰。

如果現實和印象的差距太大，那就很難避免從迷失的愛情中清醒過來的衝擊。換言之，只要真實的對方和自己心中的形象稍有不符，清醒後的衝擊非常強烈。如果無法克服這次衝擊，兩人就無法再培育愛情了。

可見在短時間中起作用的是，共同擁有增強作用的體驗。在長期的交往中，絕不可忽視這點。真正相愛的兩個人，必須有很多共同點。如果沒有共同的興趣，當然不能一起分享很多樂趣。

由此可見，想要維繫兩人的愛情關係，使雙方相處愉快，顯然並不那麼單純。

人際關係是複雜的。一個人在身心上的需求受先天和後天的影響，別人也會幫自己滿足需要，於是有了互助的辦法。這是下意識的，也是經過深思熟慮的。此外，另一種情況則是精神上或身體上自動產生自我滿足的特點。

「下意識、深思熟慮」不但能使雙方獲得滿足，並且會慎選使對方看重這份感情的交往方式。等初見面時的那種興奮的感情開始褪色時，取代的是自己下意識的學習，希望能繼續吸引對方。這種情況就好像受到鼓勵一樣，在適當的時機總會不由自主的提高警覺，不使自己失態。

誠實的愛情

培養愛情時，最重要的是，必須建立在誠實上。因為一句誇讚或客套話，都會因為缺乏坦誠，而引起聽者的反感。一句不誠實的客套話，會很快地喪失增強作用。如果我們了解別人言不由衷，或偽裝關心，也會失去報酬力。

比如情人對你說：「親愛的，你對我而言實在太重要了！」這時你會再三的玩味這句話，想透視這句話的含義。反之，如果這只是對方脫口說出的一句謊言，那麼，不久就會變成不具任何意義的言辭。

誠實的最大效果就是，使人容易預料即將面臨的報酬或懲罰，這是很重要的。報酬的多樣性和難預測性，往往會使人衝動地去幫助別人以努力維護報酬的來源（愛情的基礎）。同樣的，懲罰的多樣性及難預測性也會引起迴避行為，使人想辦法消除懲罰（懷恨的來由）。

其實，只要你誠實的告訴對方，喜歡他哪一點，討厭他哪一點，對方就能適時正確的預測出什麼情況下，會以僵局收場。如果他真能預測，就會儘量避免發生這種結果。又如果他無法避免，也會很簡單的來個眼不見為淨。

開放而誠實的異性關係，還具有其他重要效果。比如，如果情人正努力的想了解你的優缺點時，無論做什麼事，你都會感到不舒服和不安。相對的，如果對方早了解你，也能完全接受，深愛著你，那麼相處時，你一定會非常安詳和舒坦。

如果覺得擁有不適當的感情時，就無法接受自己實在無福享受，卻仍有人愛自己的想法。當然要誠實地展露自己十分困難，但是值得努力。只要對方由衷的關心自己，接受自己——就算我有些地方他不喜歡，就更能和對方共享幸福、安穩的感情。這種感覺是一種驚人的報酬。

事實上，有些自己深以為意的缺點，其實對方根本不在乎。換句話說，自己才是嚴酷的評論家，因為一旦愛上一個人後，就會迫切的想接近對方，這種作法往往會令你的謊言和祕密很快地被揭穿，於是為了隱藏這些，當然要迴避不能成為焦點的某些事項。結果不但直接帶來愛情關係的迴避反應，也會引起阻止接近的作用。

另外，一個人如果非常誠實，就很難發生爭吵。任何的爭吵，通常都含有不誠實的因素。爭吵時，我們幾乎把時間全花在努力引發「敵人」的反應，至於自己不誠實的立場，則完全不提，不但想隱瞞自己的不誠實，同時也希望爭吵對象讓步。

通常大家都希望自己能在對方心中，建立好印象，所以，不會輕易地暴露自己的感情，相對的也不會誠實的把自己感情告訴對方，但有一種情況例外。那就是當對方惹火自己時，把這種感覺告訴對方卻非常簡單，這是最坦率又誠實的感情表現。概略的說，不管誠實的表現是否有什麼意圖，都能迴避懲罰或劇烈的爭吵。

在愛情的關係中，只要彼此坦誠，就能預測出（也是一種迴避）來自別人的懲罰。相反的，如果不誠實，就會面臨無法躲避，難以預測的懲罰。

簡言之，只要誠實的表現自己，就不必與人爭得面紅耳赤。而且毫不隱瞞就可以不必多方顧慮，不是很舒暢自在嗎？

能夠接受自己本身，就強化了那種關係的增強作用。即使因為毫無隱瞞而了解彼此的個性，無法長久相愛，也是一種效果。因為這種事愈早知道愈好。

坦率的表露感情，其本身在「潔淨的感情」上，就是一種增強作用。

絕大多數的人，在日常生活中都會隱藏真情。例如：當某個人生氣了，也不會形於色。事實上，憤怒是強力的情緒，不會因為壓抑就消失掉。如果你不把生氣的情緒適時的發洩出來，而且還一再壓抑，那需求不滿的情況就會愈來愈深，這麼一來更容易引起憤怒，以及個人的無力感。

結果，怒意通常會在另一個機會裏劇烈而間接的表現出來。可是在這種情況下的發洩，完全缺乏適應性。所以，如果能誠實的說出原因，心裏就會痛快些，同時只要在適當時機表現自己的怒意（不含人身攻擊），那幾乎就沒什麼好爭吵的了。

由於在人際關係中，可以互相給予多樣性和難預測性的體驗，所以，在人成為類化二次性的增強作用時，就能變成愛的對象。一個稚齡的小孩，會常常感到不安，也不知道自己有多大的價值與魅力。

這種不安，是很難抹消的，即使長大了也還在。所以，一旦有人對他表示關心和好感，那個人就會成為強烈的增強作用因素，而形成愛情萌芽的基礎。這時如果對自己的評價很低，那愛別人的能力就會連帶受損。

誠實，事實上就是愛情關係的基礎。任何不誠實的舉動，都會立刻中斷對話，並引起自己的迴避行為。

教養與愛

正如前面所說，不管是點燈火瞬間，或看見令人心動的女性，都有報酬的體驗——舒服的刺激，或解除不快感。這種刺激會引起預料中的快感。像這種對快樂的預期，稱為「希望」，而這種刺激則是「希望的訊號」。人們有渴求多接近希望訊號的傾向，只要這些訊號伴隨著他採取的接近行為，能有意料中的好結果，就會變成更強烈的希望。

前虛構的故事，焦點完全放在王建和文娟之間的愛情，再把這種原理運用在成人間的異性愛上，以分析兩個人如何互相吸引而相戀。他們彼此相愛，王建行為大都能討文娟的喜歡，而文娟也一樣。他們這種對對方的情意，成為雙向性的希望訊號，也就是彼此互成愛的對象，而且兩個人也開始找機會接近對方。

我們應以他們青梅竹馬的愛情作為探討的重點。為了找尋出愛情的由來，必須先了解他們從幼兒期、兒童期，到長大成人後所經驗的愛情，大都是小時候所學習事情的同化。由此可見，如果想要充分了解愛情，必須回溯到形成初期愛情的幼兒期及兒童期的學習經驗。其中也許有某部分會受到精神分析學上知識的影響。

當某個人的行為，不斷地以各種方式給予報酬或增強作用時，就會讓人對他引起好感，而且愛上他。同時，他也成為我們想以實際行動接近的愛的對象，這也就是同化的希望信號。

為了了解什麼是引起他好感的刺激，必須先知道人需要什麼？換句話說，也就是要顧慮如何引發動機？對方到底對什麼有好感？以及如何才能給對方增強作用等。

傳統的心理學是以愛好、嫌惡、希望、衝動、慾望、興趣、動機、要求等引起和語言相似的動機。提到如何引起動機？一般說來，能夠引起這些行為的原動力有兩種：一種是必須經過學習，另一種不必經過學習。像飢餓、口渴等，是不必經過學習就會的。另外，像自私、不安的表現等，則是後天經由學習而來的。

一個人必須在被引起動機的狀態下，增強作用才會有價值。舉例來說，除非感到口渴，否則水就不具報酬價值；除非肚子餓，不然食物也不能引起增強作用；除非一個人對性有興趣，否則絕不會對街上的小姐多瞧兩眼。如果一個人心中沒有不安感，要他鎮靜，那是多此一舉；如果對錢財沒有慾望，就不會想主宰人類……。這種例子，實在不勝枚舉。由此可見，引起動機，是增強作用的先決條件。

一個人在幼兒時期需要學習的課題很多，也可能比一般母親所能體會到的更多。因為幼兒不會說話，所以，他的學習情形和一般人稍有不同。

他不會把自己的需求語言化，或傳達給身邊的人。他的學習大都要透過表情，或各種印象。即使他稍微長大了些，也只能做出一些簡單的動作，像是敲打出咚咚的鼓聲、露出笑容等而已。這些動作正表示他能對生長的環境起作用，也是引起養育他的人對他有所行動的唯一方法。

人類從小就會常常感覺到強烈的不快感，其中最為強烈的就是飢餓感。此外，還有尿布濕、天氣太冷或太熱、光線太刺激等，總括這一切，稱為尋求快感的慾望。

可是嬰兒並沒有處理這些慾望的能力，所以，人類的一生是從完全依靠別人的幫助開始，而這種依賴會長期的維持下去，必須經過好幾年，才能漸漸學會不必借助別人的力量，適當的自己解決需求。

因此，某些無力感或自卑感還是會在一事無成的經驗下形成，促使人類開始學習如何承認並容納各種需求。而這些需求也會跟隨著個人一起長大。因此，如果我們接納了愛的對象的種種行為時，這些行為就具有強烈增強作用因素。

對嬰兒而言，能夠把他不愉快的感覺消除掉的人，就會成為他強烈的希望訊號。一個剛出生的嬰兒，肚子餓時，就會哭，於是母親關心他，並給他牛奶喝。嬰兒因為肚子很餓，所以會很快的吸吮，這時他的需要算是被滿足了。以這種方式，母子間的增強作用互相作用，在嬰兒出生後的一年中，大約要進行兩千次左右。而這只不過是相互的正面增強作用中的一小部分而已。母親曾多次抱起嬰兒愛撫他，替他換洗尿布，天氣冷時幫他加衣蓋被，使他避免危險和不受傷害……。

像這樣母親幫助小孩，並滿足他的需求，所以，母親成為小孩第一個愛的對象，是一個極為淺顯的例子。至於他是否也在這階段形成對社會，也就是對人生百態（尤其是對女孩）的基本態度，就不得而知了。

對嬰兒來說，母親幾乎就是他的「整個世界」，是他第一個認識的「別人」。如果母親能讓他從小不乏愛和照顧，那麼這個嬰兒長大後，就能信賴別人，接近別人。這種反應基礎在愛情的初期發展中，非常重要。

關於這點，也有不少專家學者指出，一個人從出生到滿一歲為止，會形成他一生固定不變的社會態度。由此可見，母親這種增強作用的行為，會成為小孩強有力的「希望訊號」。一個嬰兒只要一看到母親，就會立刻想到安全而鎮定，因為他了解他的需求很快就能獲得滿足。

人基本上是孤獨的，而愛別人則是對抗孤獨感最直接的手段。當然每一種理論，都各有其不同的看法。有人主張以學習打垮孤獨，他們明白的指出，一個人小時候，從母子間增強作用的相互關係中，如何形成孤獨的心態。對這一點，和本書採用的理論，大致上相似。

一個嬰兒最感悲哀的莫過於被母親棄置一旁，由他孤獨地長大。如果會照顧自己的母親不在身邊，嬰兒會立刻感到不快。例如，他一旦感到飢餓，而母親卻不理睬，於是他在聽到自己哇哇的哭聲後，會傷心難過。這時如果母親在他身邊，他就知道自己的需求將得到滿足，母親是希望訊號。

等小孩逐漸長大後，母親以外的人也開始成為希望訊號，這也就是他長大後和別人交往的基礎。也可以說，只要有人在場，就會成為令他安心的依憑。相反的，如果沒人在一旁，那他會了解不久痛苦將來臨，於是開始擔心和不安。

這種現象，正是一種辨識的學習態度。因此我們可以確認，在幼兒期所發生的一切事，多少都會在心中產生孤獨感的理論是合理的。

孤獨感正是我們後來的學習動機，也是構成引起動機的最重要點。嬰兒長大後能被接受，正是這個有力的增強作用因素。

當然，母親能夠給小孩的增強作用，不只這種方式。比如當小孩的不愉快，和母親的行為有關聯時，母親就會成為負的增強作用因素。這時母親也會變成恐懼信號。這種情況多半是由於小孩在母親預期外出生的緣故。

母親會把小孩視為眼中釘，不理睬小孩，小孩肚子餓了，也不餵他吃奶。於是母親就成為二次性負面的增強作用因素。小孩開始發展出否定性的感情，長大後對任何事都會有不安的反應，對愛情也會產生許多阻礙性的影響。由於小時候的學習經驗不易長存在記憶中（沒有語言化），所以即使有不安感，也是很難記下和說出原因。在這種情況下，小孩只會感到痛苦和困惑。

現代人常有無力感，也許就是在小時候，母親無法完全滿足小孩的需求所致。被棄置一旁的嬰兒，可以說他的人生起點很「不幸」。不管做什麼事，都不會得到增強作用。他為了想滿足快感的需求所做的努力，常常都得到失望的結果。例如，不管他如何哭鬧，也得不到一點反應，接下來的只是一連串的悲哀而已。小孩得到的結論，只是「什麼都不能做」。簡單的說，他知道自己對四周的環境，沒有任何的影響力，於是養成了即使努力去做，也是白費心機的消極態度。

一般說來，小孩的學習開始於斷奶。在斷奶時期，平常照顧小孩無微不至的母親，會為了遵守社會要求而不給小孩增強作用。一看到小孩啼哭，雖然想立刻抱他，但是，這位母親會立刻意識到「不可以」。

換句話說，由於必須讓小孩很快的捨棄奶瓶，母親就會暫時保留她給小孩的增強作用，對小孩的強烈需求，不再如從前一一的滿足他。母親什麼都不能做，要讓小孩在無力感中開始學習。

前面所說的重點是，嬰兒出生後不久，母子間的關係，是形成他長大後接近人或逃避別人的關鍵態度。假如母親能很快的滿足小孩需求，就會被小孩當成愛的對象。在這種情況下長大的小孩，對父母及社會上所有的人，都會感到溫暖又親近。這種感情會不斷的擴散，而這也是小孩長大後對異性愛，最好的起步。在這種環境下長大的孩子，非常幸福，可惜這種例子極少見。

另外，母親也有各種的需求，可是母親的需求不一定和小孩一致，因此，對小孩的報酬往往給得太慢，有時還不給予，這時小孩的希望訊號就削弱了。這種情況一旦轉為強烈，母親甚至會成為小孩的恐懼信號。如果孩子的恐懼意識，在某種程度上和母親聯結在一起，那母親就變成引起不安和迴避反應的因素在這種恐懼經驗中長大的人，一定無法適應長大後的愛情生活。

性教育

在使小孩社會化的過程中，到達某一程度時，一定會引入懲罰。成長中的小孩，常常會為了做出某些滿足自己需求的行為，而受到責難。為了避免小孩觸犯各種不應有的行為，最初的懲罰方式就是斷奶。至於父母開始實施教育，嚴格地對待小孩，則是小孩到了接受排泄和性訓練之後的事。

小孩開始試著接受父母的規定，習慣於某時間進行排泄，以及了解什麼人才是自己適當的愛的對象。父母會以適當的方式訓練小孩，在訓練的過程中，懲罰是免不了的，因為小孩會自然而然的做出社會不容的事，所以，母親會以懲罰來禁止這種行為，並且尋找社會認同的行為來代替。

在訓練小孩中，雙親需按照社會的要求採取懲罰。剛開始由母親教導，不久父親也加入行列（大約是在小孩兩歲左右是最理想時機）。最妥當的方法是，一面教導他應有的行為，一面配合必要的懲罰（最低限度）來禁止錯誤的行為。父母應不斷的加強應有行為，唯獨懲罰要適可而止，只要讓小孩了解「什麼事不可做」就可以了。有一點非常重要，那就是父母應讓小孩明白那些行為是對的。

在社會中，雖然使用廁所的機會最多，但必須在固定地點進行。小孩從出生開始，對這種規定並沒有概念，只要有了尿意，就立刻排出來，絲毫沒有任何「不可以」的想法。父母為了要把他的行為改為社會認可的行為，如果在不適當的場合中他有了尿意，就會叫他忍耐。假使小孩當場排泄，就會受到母親的責罰，這時小孩才算明白母親為什麼要他忍耐。

到此為止，母親的訓練也只能算是成功了一半。因為小孩只知道在這種場合中不能隨便排泄而已。在小孩心中，母親的懲罰在他感到想排泄的意識時，引起不安的結果，只是使他暫時壓抑自己，並沒有學會廁所才是排泄的地方，所以，母親應進一步的教導他。一般的方式，是在適當的間隔時間上，讓小孩坐在馬桶上，以完成排泄訓練。這樣才算提供小孩社會承認的行為。

另外，在小孩應得到誇獎時，母親也要適時鼓勵他，這一點非常重要。我們了解，在小孩的排泄訓練中，母親擔任雙重的任務。我們不難想見，當母親施行賞罰時，在小孩心中，母親的價值也混亂了。所以，母親要儘量訓練小孩，使他心中傳達希望訊號的價值儘量提高，恐懼訊號減低才理想。

本節曾說過，幼兒初期社會行為的形成，和小孩長大後的社會行為有密切的關係。例如，小時候朝向母親的態度，一直維持到長大，而被同化到別的女性身上。

在排泄訓練中，一定會引起許多不愉快。如果母親數次給小孩嚴格的排泄訓練，或訓練得太早，母親就會變成小孩的恐懼訊號。這種情緒經過同化，對以後的愛情關係，影響很大。專家曾分析：

「如果太嚴格的訓練，小孩會不知道自己被要求的到底是什麼？母親給他的懲罰，會比他本身內在的訊號更容易和母親連想在一起。小孩會感到莫名其妙，不知道自己為什麼挨罵，也不知道自己做錯了什麼事。此時小孩子多半會認為母親的嫌惡感是自己引起的。於是小孩心中會形成『我太差了』的心理，使自我評價受到傷害。」

在這段分析中，一再的直覺訴說，他和我們擁有的學習知識簡直是互相矛盾。我們不難想見這種自卑感快速發展後，對愛情的萌芽，確實會造成許多影響。如果「我太差了」這種心理太過強烈，就很難接受別人對自己的好意，也連帶會低估自我。

前面曾提到，即使他成功的吸引了異性的注意，他還是會認為自我沒價值而低估自己。在他的潛意識中，也會一直懷疑彼此是否相配……。這種情況，絕不是一個理想愛情所應有的狀況。

另外，在清潔方面，太嚴格的訓練也會影響後來的行為，尤其是訓練得太早。這種不當的訓練，可能會造成小孩在日後的社會關係中，過於內向而膽怯。

如果小孩在受處罰時，不能很快的把處罰和他的「失敗」連想在一起，那他以後對有危險的事會感到緊張。他會認為自己如果動手去做，是一種危險的行為，於是開始無精打采，一切都用應付的態度去做。再加上後來雙親對小孩的探索活動更加限制，也會連帶使小孩更懼怕父母。

舉個例子來說，當小孩不小心把房間弄髒，或失手受傷時，如果母親告訴小孩，這世界到處充滿危險，將會造成小孩不敢自由行動，成為被動的小孩。這種情況重複多次後，小孩會變成一個毫無自我的人，要他積極的向危險挑戰，根本不可能。這種心態在愛情關係中尤其明顯。

在排泄訓練中，有時也會產生某種惡性循環，那就是小孩對一直無法滿足自己需求的雙親，會起反抗心，甚至採取攻擊行為，而這些舉動，只會招來雙親更嚴厲的責罰而已。例如，有時他可能一坐上馬桶就拒絕排泄。所以，母親應以乾脆、理想的方式來增強小孩，並用適當的方式控制他。

小孩的反抗和攻擊行為，必然會引起很大的問題。很少小孩對雙親嚴格的訓練，或使自己的需求一直無法獲得滿足的雙親，不起反抗。

事實上，需求正是激發憤怒的動機，生氣則是導火線。等到小孩把這些怒意表現出來時，接著就是得到一串的處罰。這就是所謂的「憤怒不安狀態」——在怒不可遏的同時，也會感到不安。這種狀態將會持續到長大成人，使他覺得所有的社會關係，都是冷漠而可怕，每個場合，都會帶來不安。

這種情緒在異性愛的關係中，也會有相當大的影響。本來兩人密切的交往，難免會造成很多需求無法獲得滿足。在離婚的個案中，有一個事實是不容否認的，那就是多半以離婚收場的夫妻，根本都沒有感情基礎。

當一個人有怒意時，常常會找一個正當的理由，率直的把怒意發洩出來。如果夫妻雙方一直有愛維繫著，這種糾紛還有克服的機會，甚至在協調這種糾紛的過程中，還會加深彼此的關係，使它維繫得更長久。如果怒氣無處發洩，那激烈的情緒不但會一直延續，而且也會愈積愈多，一旦崩潰了，危害就更大了。

在現今的社會中，沒有一種行為會比性更受到限制，也很少看到把「正當行為」報酬挪後的情況。小孩小時候在性方面的訓練，如果也和排泄一樣採用處罰的方式，對將來的影響也很大。這完全看雙親如何運用處罰方式了。

雖然小孩的生殖力一直到青春期才開始成長，但事實上，每個人對性的需求，很早就有了，甚至比一般父母所預料的還早。

例如周歲的孩子會自慰，並不稀奇。隨著小孩處事能力的提高，他的生殖器官也會產生感受性，在偶然的情況下，就學會了自慰。可是，在母親的潛意識中，總認為自慰是不正當的事（她小時候一開始接受的觀念就是這樣），於是對這種現象深感不安。

因此，母親會為了戒除小孩這種舉動，採取處罰的方式。在這段時期的性訓練和排泄訓練一樣的具有危險性。

母親在這階段對小孩的教育，會影響小孩未來的社會性態度。母親應教小孩應有的性知識和反應，這對小孩長大後的感情發展非常重要，因為小時候親身體驗的心情和反應會被同化。長大後，不是培養不出愛情，就是只會破壞愛情。

可見一般父母對小孩性教育的觀念，似乎太嚴格了。假如教育不得當，長大後性生活不協調的可能性相當大。

對幼兒的性教育，還有一個不幸的事實，那就是父母無法給小孩正面的增強作用，因為他們無法找出社會所認可的性行為來代替，他們只能告訴小孩什麼事不可做。當小孩表現出某種不該有的行為時，就會立刻受到處罰，可是這些處罰只會增加小孩擔心和不安而已。雖然小孩以後不會再任意表現出此種行為，但這種教育方式，並不能給小孩正確的學習機會。

換言之，一些被社會認可的性行為，在小孩長大後，還是無法獲得。即使結了婚，處在舒適又愉快的氣氛中，他也無法拋棄處罰的陰影。

由此可見，前面說的性教育，只會成為小孩心中接受懲罰和不愉快的經驗而已。最多小孩只能在領悟力到達某種程度時，從雙親那兒得到口頭約定，允許他長大後，可以有性行為做為禁止的補償。在這種情況下長大的孩子，要他認為性是件既輕鬆又愉快的事，幾乎是不可能的。一個人透過小時候所接受的訓練，那種表現出性行為動作就會受到懲罰的觀念，在潛意識中早就根深蒂固了。

男性化、女性化

男女之別，是一個人在初期社會化的過程中被認可的重要因素之一。為了使小孩對個人有正確認識，才加上的各種學習壓力。

小孩在出生後，父母為他所做的第一件事，就是為他取一個像男生或女生的名字，接著再讓小孩穿和自己性別相符的衣服，並且幫他選擇適合他性別的遊戲。剛開始，小孩對性別還不很清楚，不久父母就開始訓練他，使他的行為能適合他的性別。在這種訓練中，雖然同樣是訓練，但是，男生所受的壓力就比女生大。一般說來，女生在選擇穿著或遊戲時，範圍就比男生廣泛多了。

另外，女生過分活潑，也不會受到強烈的制止，但如果男生過於娘娘腔，一定會受到嚴厲的排斥。

在一般的情況下，父親比母親更關心小孩性別的造型。這是同性相斥的緣故。父親看到年幼的兒子有同性戀傾向時，會感到很不對勁，於是一方面拼命努力，避免孩子誤入歧途，另一方面則直接或間接的懲罰小孩。

但是，放眼看去，社會中仍有許多同性戀傾向的人。仔細探究那些人的過去，不難發現，他們在幼年時，很少有機會接觸到強烈男性化的薰陶。例如，有的小孩根本沒有父親，或父親完全聽命母親，都有極大的關係。單以後面這個例子來說，這個家庭勢力的消長，不僅會影響孩子的青春期，甚至成人期也無法躲過。

在社會中，有一件不可否認的事實，那就是在認識自己性別時，女生比男生受到更多的混淆。這一點只要看女孩子在孩提時代，性別的角色比男孩子有更大的彈性，就可以了解了。當然還有其他的理由，社會中男生都處在能享受特權的地位，這在小時候就開始了。不久女生就會察覺其中的差異。不管是哪種年齡的女生，都會認為當男生比較好。這麼一來，在性別的角色上，就會發生混亂，使女生進入模糊不清的意識中。

在第二次世界大戰期間，由於男性不足的事實，導致「女性應堅守家庭」的觀念漸漸消退。於是女性開始走出家庭，奔向議會或軍隊，這種突破傳統的現象一直延續到現在。

丈夫們眼見自己的妻子在各階層中活躍的情形，只好重估自己在家庭中的地位，他們開始拿起抹布或掃帚，更甚者擔任養育小孩的工作。結果，這種情形改變了兩性的角色，使兩性的角色更接近了。這種接近的關係，目前仍在進行中。

例如，現代年輕人的服裝及妝扮，都令你雌雄莫辨。這種現象相信是不可能立即結束的，在這種狀況下成長的孩子，任誰都無法否認會有某種程度的影響。

想了解一個人的愛情關係，必先了解他在各種場合中，對別人是迴避或親近？和別人接觸時態度如何？他結交異性時，是害羞而猶豫不決呢？還是充滿自信，推心置腹的交往？願不願意冒著不受歡迎或被拒絕的危險？這一切社會行為，常常都是在受限制下進行。我們應注意剛出生的孩子的學習情形。因為他的學習情況，正是長大後，待人的感情基礎。

排泄訓練、性教育等社會性的教育，在母親和孩子之間的相互作用，對小時候的學習經驗影響很大。

這種初期的學習經驗是否會在小孩長大後，影響他和別人的相互關係？一般認為，一個人如果在小時候，透過人與人的交往，而認為人類具有很濃的人情味，而且每個人都樂於接受別人，那麼等他長大後，他也易於接受愛情，並溫馨地待人。

相反的，如果一個人是在嚴格的訓練下，動不動就受懲罰的家庭中長大，那麼這個人的警覺性一定非常高，他會抱著防衛心接近別人。

由此可見，幼兒學習的，除了語言外最重要的還是感情問題，他們只接受部分的增強作用而已。如果他在初次的學習過程中，就多次的遇到恐懼訊號，那麼，他會開始躲避引起恐懼的事物。在他心中積存的不安，將很難消除。

總之，初期親子間的相互作用，無論是正面的增強作用，或負面的增強作用，都會影響小孩的感情行為，而且這些影響在長大後，都會一一的顯現出來。

第三章　愛與性

有增強作用的性

性是複雜難解的一種行為。基本上，它雖然屬於增強身體結構的行為，但是，構成這個行為的原因卻很多。

我們只要稍微觀察一下，不難發現每個人對「性」都很好奇和關心。也許正因為這樣，所以目前的性知識，才顯得不夠普遍化。

本章所要討論的，是「愛」與「性」的關係，以及「性行為是用什麼來推動的？」這兩個直接而重要的問題。

通常一個人接受有正面價值的行為時，某種動因就會相對的降低。例如，一個人達到性高潮後，性動因就會相對的降低。

性高潮不但是一種增強作用，同時也是做愛的「報酬」。所以，我們一定要學習如何達到性高潮。

為了達成這個目標，積極和別人相互作用是必要的，因此，為它所下的結論是，由於性行為進行順利，才會強化對方的性慾。

可是「性」含有很多心理因素，以我國的文化背景，絕不容許我們有太過分的直接做法。說明這點之前，先來討論一下，性行為除了達到高潮外，是否還含有其他增強作用。

第二章曾經說過，除了性高潮外，其他像擁抱、愛撫、肌膚相親……等，也都有增強作用。基本上，它對母子親情很重要，因此，不難推知性行為也有這類的增強作用。

也許你會認為，沒有性高潮的性行為，有增強作用，並不稀奇。不錯！確實沒什麼值得大驚小怪的，因為雖然未達性高潮，對性本身而言，也有很多的快樂。這種情形在女性身上表現得比較明顯。

事實上，有很多人在做愛時，未必都能達到性高潮。也就是說做愛時，如果兩人中的一個，或兩人都達不到性高潮時，雙方未必得不到增強作用。當然，性高潮在性行為中，有很大的增強作用。

人們對女性「為什麼很難達到性高潮」？一直議論紛紛。最根本的原因是，性高潮和心理因素關係密切。佛洛伊德主張：

「一位成熟女性的反應，除了陰蒂的高潮外，還應包含陰道的高潮。如果女性的性行為只是互相刺激彼此的陰莖與陰道，那麼，這位女性就很難獲得高潮。」

常的。

但話說回來，截至目前為止，還有很多人誤認為，只有陰道獲得的性高潮才算是正常的。

一位精神科的分析家就曾這樣說：

「一位女性，如果和精力過剩的丈夫做愛，總是無法獲得高潮，就表示她患了冷感症。對這樣的女性，一定要有精神醫生支援她，並提供她適當的治療方法。」

雖然我們現在已經知道，女性如果想要獲得高潮，陰蒂很重要，但是，有很多夫妻在傳統的性觀念束縛下，認定絕不可隨便刺激女性的陰蒂。

更糟的是，這種誤解往往使她們產生罪惡感，而深感不安。如果女性心感不安，很可能會妨礙她達到高潮。

很多女性對自己「無法達到高潮」十分不安。也因為這種不安，使她們在做愛時，變得過分緊張。這種情形如果一直不改善，不用多久，她一定成為冷感症者。

「性冷感」對女性來說，是很大的污辱，此外，也會帶來不良後果，有時甚至使她逃避和丈夫做愛。

不願意和丈夫做愛，對愛情會有什麼影響呢？

性與愛

對性與愛的關係，有很多似是而非的說法。例如有人說：「一對男女如果不相愛，或沒有一點感情基礎，那麼，他們在進行性行為時，一定很難達到高潮。」這種錯誤的說法。

一九六六年，馬斯塔斯利用人工陽具來刺激女性的陰道時，發現這位被刺激的女性有顯著的高潮。

由這事實來看，如果想為高潮下定義，務必超越感情的範圍。

當然，不可否認「愛情會提高性的喜悅」，但對高潮來說，卻沒有什麼價值。現在必須強調的是，愛與性雖然沒有直接的關連，但是，另一個觀點來說，它們又是密不可分。

的確，也許性行為並不一定要有愛情，但不可否認的，它是構成「羅曼蒂克之愛」的重要因素。當心愛的人出現在眼前時，我們就會不由自主的亢奮起來。這就表示它是構成真正羅曼史幻想的重要因素。所以，我們會以為面對富有魅力的異性時，心理上的感覺就是導致羅曼蒂克的心情。我們似乎可以說：「暫時性的蛋黃素，不但可以使人分泌腎上腺素，也能提升我們愛的心情。」

這個原理確定後，我們就可以拿它來說明許多乍見似乎極為矛盾的羅曼蒂克的愛。如果你對初見面的人，頗有好感，剛開始時，你可能會怕他，但到後來，又覺得他身上有股魅力吸引你。這是為什麼？

①害怕的背後，往往隱藏著喜歡的成分，所以時日一久，恐懼感也會減少。

②生理的醒覺，回想時，會性興奮。難怪情侶都喜歡到遊樂場所去坐蹦蹦車。

不知道你是否有經驗——當你和情人吵架時，大都以心滿意足的擁抱落幕。由此可見，生氣也會刺激性。

現在我們再說「性經驗是否影響愛情」的問題。

一個人和情人如果已有性關係，而且她又能使他達到性高潮，那麼，為性行為確實能增進他們的感情。

這個說法似乎很合理，但是仔細一想，你一定會懷疑——我們的社會，有這麼單純嗎？

不錯！像這樣單純的事，在社會的確少見。比如說，人們常認為，性必須用某種形式使它正當化。因為彼此如果只是為了享樂，這樣的樂趣根本不能使性正當化。

對某些人來說，性是一件不道德的事。因此，一個人如果想貪溺於性中，就必須用某種形式使它正當化。

這種想法，自有它的道理。例如，產生了養育子女的社會規範，就是把「性」正當化的一個辦法。

可是隨著科學的進步，性與生殖的關係，也被隔離了。於是它又喪失了一個正當的理由。

事實上，人們對「性」的態度，也在不斷的改變。也就是，他們不再用某種形式，使「性」正當化。

對這點，我們有什麼證據呢？

一般說來，大家對性的態度都已改變了。這種變化起因於個人的成長與愛，這種改變是「新道德觀」，藉以尋求有關性行為的現代新方向。

想想看，每次吃飯時，你們都吃些什麼？是山珍海味呢？還是青菜蘿蔔？怎麼樣？性不只是單純的生理需求吧！

所以，性必須有個正當化的理由。一位大學生說道：

「即使她理由充分，想和我上床，但是，我總覺得如果和一個我不愛她，她也不愛我的人同床共枕，是件不道德的事。」他的理由是：

第一，這種關係不符合我從小就認定的「性與愛是息息相關」的想法。

第二，即使我能摒除「性與愛」一定要緊緊結合的觀念，那麼等我上床後，我一定會覺得我剝奪了未來妻子的利益。另外，我也可能養成習慣，不把性行為當成一件事，如果這樣，對我的婚姻生活，一定有不良的影響。

第三，我如果那麼做，也是在踐踏一個女性的人格。因為一位女性如果在婚前和男性做過愛，她在未來丈夫心中的地位，一定會大打折扣的。

「我們深愛著對方，也因為我們彼此相愛，所以，我們會盡力的想給對方一個最好的形象。因此，在性方面，我們不但不覺得會消耗精力，反而會創造精力。假如一對情侶在做愛時，或做完愛後，更覺得深愛對方、尊重對方，那麼，他們愈會覺得性有多了不起。」

「總之，性是正當的事。」

從這一席話中，我們可以感受到，他表達了很多觀念。雖然有些失之偏頗，但很適切的表達了他對性的看法。

這位大學生還說：「我一直認為性與愛是分不開的，如果我違反了這個觀念，或做了對不起自己的事，很可能會使和我未來妻子之間的關係惡化。所以，我盡力維護自己的信念。」

此外，他還強調，女性在結婚前有性經驗，會使她的丈夫看輕她。我們可由這席話中，導出「性原是壞事」的信念。

我們的文化為了維護這個信念，而否定了性的正面價值，和「性能增進愛情」的觀念。這樣不但對「新道德觀」無益，而且會有反效果。

前面曾說過，所謂「新道德觀」是指「性是為某一特定對象奉獻愛情的方式」。以這種說法來規範「新道德觀」，也未免太草率了些。

這位大學生認為，沒有愛情的「性」，是一件壞事。也就是說，他認為在進行性行為前，一定要彼此相愛。

如果兩人有感情，那麼，屬於增強作用的性，就會從兩人初期的關係發展中，被排除了。

但如果沒有愛情的性被禁止的話，也會產生一些問題（姑且不論愛不愛對方）。那就是性難免還是強烈的動物性衝動，所以，如果性衝動沒有得到滿足，勢必為兩人帶來惡果。

大部分的人都無法為愛情下適當的定義，如果一定要解釋的話，最簡單的方法就是告訴自己：「我深愛著對方，我對他絕沒有任問的冀圖……」這麼一來，性也就沒什麼好談的了。雖然如此，但仔細一想，還是違背了新道德觀的主旨。

因為如果這樣，愛情將成為錯誤的性行為的藉口，根本無法使愛情昇華，到頭來「新道德觀」想要避免的事，仍然照樣發生。

另外，對堅持性是罪惡的人來說，當他們墜入情網，或即將結婚時，如果要讓他拋棄這些根深蒂固的想法，十分困難。也就是說，即使你對性刺激有顯著的反應，和心愛的人做愛時，也很難把它視為一件正當而又健康的事。

假如我們無法將「性是一件壞事」的觀念改變為「性是正當而又健康」的，那麼，你和心愛的人做愛時，就很可能會因不安或罪惡感，而開始否定性刺激。這時，有正面增強作用的性，激發更深濃愛情的性，也就再次被消弱了。

雖因觀念不同，而產生這種情況，但性確實能給身、心強而有力的增強作用，這是一定的。

到目前為止，已經談了許多有關生理方面的事實。而性對心理上的價值，似乎更重要。因為它也有非常強烈的增強作用。

我們願意以身相許，是表示愛他的最有力證明。在這意義上，毫無疑問的，成為社會道德束縛性的有效方法。因為「性」含有強烈的文化面的忌諱。反過來說，也就是當你想衝破這一禁忌（尤其是女性）時，你面對的人，未必和你有同樣的看法。

對這點，有位年輕人說：

「我總覺得『便宜』的性，是最要不得的。我們的性對象應該是非常令人感動，也非常特別的人。」

由他的邏輯中，我們不難發現，「感情」對年輕人的倫理道德觀來說，有多麼重要。

經前面的介紹，難免會想，這樣的感情究意會帶來什麼結果？這個年輕人深信，每次進行性行為時，一是要有感情的共鳴，才是合理又正當的，相信很多人有這種樸實的信念。不過，還是希望他們馬上醒悟，因為這種信念會帶來不良的影響。

它會使人覺得生活太複雜，從而認定性行為具有強烈的感傷意味——會讓你覺得，想要讓每次的性行為既美麗又充實，是多麼的不可能。

而且說不定一心抱著「每次的接觸，都要有某些特別的感受」的人，會隨著性行為的進行，愈來愈緊張，而增強不安感……。

要知道，這種緊張和不安，會破壞雙方和諧的關係。

另一方面，由於性在我們的文化中，過分重視「感情」，所以，你一定會因而漸漸喪失性帶給生理方面單純又強力的增強作用。

假如把性限定在愛情範圍內，它的邏輯，就更擴張了，因為「把童貞獻給情人」這件事，將更具意義(由於我們的社會，有雙重的標準，所以女性的貞操就更被重視了)。

姑且不論文化所定義的感情面價值，也不論婚前無性經驗的真理有多大的優點，因為說不定以非常感激的心，來接受他的妻子（或情人）為他準備的這份禮物的男子並不太多。

因此，「純潔的價值」的唯一解釋，正意味著「性至少在某一方面，是被禁忌的行為」。

而失去貞操這件事，也等於是對文化的一種挑戰，即使你們之間有深厚的愛情，你仍然要面對「貞操在社會上備受重視」的挑戰。

所以，當你對「貞操」感到價值非凡時，很可能會因得失的壓力，給你帶來緊張。這種緊張對你非常不利。

愛情的「新道德觀」，事實上，並不包含這麼多東西。像我們常聽的性革命，其實也沒什麼可稱為「革命」的變化。的確，近年來性行為根本沒有變得更自由或更開放，尤其是沒有使它的寬容性被認同。

在社會中，不管那個人採取什麼態度，總是難逃某種糾葛，而且大眾傳播媒體對這個問題，也變得比較敏感。

人們對性，通常有兩種想法。一種認為它是齷齪又惹人厭的，而另一種則認為它是既神聖又美好的。

一般認為，在這幾十年來有關性觀念的轉變不大。不過，最近的花花公子雜誌所做的問卷調查發現，現代的年輕人中，有不少人的性觀念相當開放，只是還沒有達到「百分之百」的地步而已。

最近使用避孕法的人，不斷增加，由此可見大家對性已經相當開放又自由了。唯一要知道的是，它並未達到我們想像中的自由。

在今天，被誇張的自由，大都只是幻想而已，不過也不能否認，在某一方面，它的確變得自由了些，尤其是表現的自由更是遽增。

關於這點，不少研究者都表示贊同。事實上，這些人都認為，雖然還不到革命的程度，可是透過言語的表現，和雙方的溝通，它就飛越了自由的界線。

上面的觀點足以說明「現代人對自由的概念，已經有了很大的變化」。說來不幸，這樣的轉變，竟然不斷增加人們在性方面的糾葛。因為在這種轉變的社會中，雖然每個人的態度都不一樣，可是還不容許各人對性有各自的看法。

也就是說，意見的不同，很可能會加深各人的反抗心，結果變成凡是言論與自己不同的，就開始排斥它。

在我們的社會中，如果對性有太露骨的表現，你很可能會受到某種方式的懲罰。例如自由主義者，會被貼上了「邪惡」的標籤，而保守主義者，就被貼上了「高高在上」的標籤。他們對性的信念，將被其他任何團體批評。

所以，到最後結論是，如果性能輕易被接受，有彈性，又適合各種社會規範的話。那麼，全界的人都受益匪淺。

性帶給愛情什麼

我們對性的態度，就是這樣混亂，而且因性別的不同，也各不相同。因此，使性顯得格外複雜。舉例來說：

同樣的行為，端看是男性所為，或女性所為，就有不同的接受方式。

在雙重標準中，我們可以發現對性的自由度，女性比男性受到更大的約束。當然，這不只存在我們的文化中，或這時代所特有的現象。它跨越了各種文化，經歷了悠久的歷史，深具廣泛化與普遍性，可說是人人皆知的一種現象。

例如，不論從前或現在，非洲的風土民情都和我們不同，但是，他們也擁有和現代化國家同樣的雙重標準。

因此，它存在現在的社會中，是不容置疑的，而且非常普遍。此外，在女性的解放運動中、它也不斷的被提出來討論和受責難。

由於這種影響相當普遍，所以，在檢討「性的雙重標準對愛情的影響」前，似乎應先說明一下，為什麼會有這種雙重標準。

佛洛伊德認為，男女在性的角色中，絕不能單靠主動或被動的不同來認定。如果我們仔細的想，不難發現，其實他的道理也很簡單，那就是——這種不同的特性，完全根源於男女學習經驗不同的結果。

我們先說明男嬰的情況。

前面說過，嬰兒最初愛的對象，一定是和他最親近的母親。如果在這位男嬰覺得離不開母親的同時，有另一個男性也吸引他母親的注意，而且這個男性和母親有性關係，那麼男嬰和這位男性的競爭，獲勝的機會當然少之又少。

對那位男嬰來說，發現他最初愛的對象——母親，竟然和別的男性發生這種關係，他的挫折感將是深刻的。所以等他長大後，和別的女性相愛時，自然會留下最初愛的關係被同化的印象，然後在他心中，會再次產生恐懼與擔心，害怕別的男孩會搶走他的女友，擔心自己又會是被冷落的失敗者……。

也就是說，那位男孩對他的女友所產生的不信任，應該是小時候的經驗重現在他腦海中的緣故。

但是，這種情況對女生來說，就未必一樣了。女性和男性不同，而且女性也沒有所謂的「外傷體驗」，所以，除非是女孩子自己「紅杏出牆」，擾亂了對方的心情，否則男性絕不會使她心思紊亂。

雖然下了以上的定義，但絕不是主張雙重標準應該被認同。因為雙重標準有極不公平的一面，只是為了證明雙重標準的存在，才借助它來說明。

同性戀的女性比異性愛的女性，更會對「情人」顯示強烈的妒忌心。對這點一位「女同性戀」的治療專家，也極表贊同。

至於「為什麼會妒忌」，以後再詳細討論。先討論「對性的態度混亂，是否會傷害愛情」。

如前所述，性行為對生理來說，「獲得身體上的滿足」能使愛情更濃郁，而且性除了對生理有增強作用外，也影響心理。性對這兩方面，有時有正面的增強作用，有時有負面的增強作用。舉個例子來說：

在性方面能被接納，同時又有適當反應的人，一定是由於他的生理和心理都健康的緣故。這時，他的性行為一定是一帆風順——這在我們的文化中，常被認為是「男子氣概」，以及「女人味」的最好證明。尤其在性能帶給對方喜悅時，更會變成強烈的正面增強作用。

相反的，如果對性有罪惡感，甚至怕被對方及社會責難、怕失敗、怕失去對方等，都會引起負面的作用。這種負面作用的力量，足以使他的人際關係惡化。

由此可見，性對愛情的影響相當複雜。當然，我並不是要強化這個觀念，而使你和她的關係就此泡湯，不過，還是要先說明「愛情究竟會帶給性什麼影響」。

有愛的性

當一對男女有了性行為後，通常會產生兩種情形。一種是你會更愛對方，另外就是未必會對他產生感情。這二者間有什麼差異？

請回想一下，當我們對愛情下定義時，是不是都把它想為「想更接近對方」、「想和心愛的人更親熱」……而性行為確實能滿足這些需求。所以，一對情侶往往會透過這種關係，滿足彼此的需求。

愛情顯然是一種非常強烈的感情，所以透過性，更能因身、心的親密結合，引發更深的愛情。

性的滿足，是一種很大的喜悅，這份喜悅，常常使你的生理起很大的反應。另外，由於你一直認為有愛情的性是正當的，所以「性有某種罪惡感」的觀念又淡化了。

就這樣，愛情不但能滿足「想親絡」的需求，而且因拋棄了不安和罪惡感，使性需求更加昇華。

如前所述，我們常見的情形是：大多數的人常在別人想接近他時，由於低估對方的價值而加以拒絕。

比如說，當某個人想接近你時，你一定會想：「他是不是別有用意？或想從我這裡吸取些什麼？」因而低估了那個人的價值。這麼一來，一定會使對方喪失原具有的一些增強作用面的價值。

這種反應，也會發生在性關係裡。

另外，男孩子為了證明自己的魅力和精力，也都依賴性方向的表現。當然，性要加上身、心兩方面的因素，才可完美的進行。

可是當他把女性帶到床上時，也許就又會對她感到失望，而降低對她的評價。這種情形，是連他自己都無法克制的、莫名其妙的……

這時，女性反倒會發出疑問：「他對我的看法到底是什麼？」

因為情人低估了對她的評價，和自己低估自己是同樣的悲哀，所以，最好不要讓這種被迫的想法和態度產生，畢竟這種經驗大都是很要不得。再說對「性」有這種態度，還有破壞作用呢！說不定男性之所以會低估女性，是因為女性草率的「以身相許」，同樣的道理，男性也會低估他自己……。

在這種情形下，自然會使他的心理大起糾葛。一方面他會對自己的成功有些欣喜，另一方面，他又會為自己的順利而矛盾不堪——他體會到的是褒貶交錯的心情。

事實上，如果他有強烈的自卑感，就無法充分的體會榮譽感、成就感，以及順利得手的欣喜感（不是表面的，而是由衷的）。

關於這點，一方面是因為他有了罪惡感，另一方面又由於他降低了對自己的評價，所以，他只能加強他一開始就有的否定自我的概念。

如果這樣，他想逃離這種「惡性循環」就很難了，因為與其暴露於因不正確的觀念所招致的負面增強作用（有時它還帶來痛苦），不如選擇適合於自己的刺激。當然，這種態度必須是自我肯定的。

一般說來，我們不重視決定價值觀所產生的心理糾葛，而易一貫的執著於否定性的信念。

因為沒有一貫性，就無法預測自己未來的行動，所以，上面的說法絕對是事實。又由於無法預測，也就無法迴避意外，結果一定遭受更嚴厲的懲罰。所以，與其冒險可能受更大的懲罰，和不確實、又得不到安全保證相抵抗，不如保持確實又安全的自我肯定的態度。

此外，也可以顧及突然感受到「說不定我能做這些事」的潛在危險性。這種思想，也許會讓你實際嘗試危險的行為，並受到了一開始就覺得害怕的懲罰。

再強調一次，在我們文化中常見到的那種對性曖昧，而又矛盾的態度，所招致的不幸。尤其是它還會成為阻礙愛情的重大原因。

因此，我們似乎可以肯定的說：「性在愛情和日常生活中所扮演的角色，幾乎都是悲劇性的。」

性不但帶給人們生理的喜悅，同時對於愛情的成長，也有很重要的貢獻。

此外，性還有「自己被對方接受」的心理上的滿足感。雖然我們不能肯定的說：「這比生理的滿足具有更大的增強作用。」

但是，在文化的薰陶下，大多數的人對性行為，都存有相當複雜的感情，也採取極複雜的態度，因此，自然就減少了對性的肯定，和它的積極效果。

不過對愛情的特徵——一心想使身、心親密結合這點來說，性行為確實可以滿足這種需求。所以，性與愛是相輔相承，而又密不可分。

反過來說，假如你覺得性是不道德的，那麼，不但你的性生活及愛情會遭到阻礙，也會喪失日常生活的樂趣。

愛的幻想

前面說過，愛的成長必須接受各式各樣、繼續不斷的增強作用才能達成，所以說，愛顯然不是一朝一夕就能形成的。

可是在我們的日常生活中，又常常可以聽到「一見鍾情」這句話。既然愛情不是一朝一夕能形成的，那麼光看一眼，又豈能產生真正的愛情？這麼一來，「一見鍾情」，不是很矛盾嗎？

不錯！這種說法雖然很有道理，但是，也不能否認世上真的有「一瞬間」就被對方強烈吸引的經驗。

「一見鍾情」到底是什麼？

有時候，兩人間根本沒有長期間的增強作用的機會，但是，有一股強烈的感受維持他們之間的愛。有時，某種關係也會發展成長期的愛。

像這種來得既唐突又強烈的吸引力，也能帶來無比的痛苦和喜悅。我們也可將它說為文學和藝術創作的難得題材。

我們需要適當的為愛情分門別類嗎？需要為它重新定名嗎？關於這點，確實需要好好的檢討，不過，如果真要定名，「目眩神搖」是不是最適當？

可是它絕對和愛情不一樣，在毫無經驗的情形下也會產生。因為目眩神搖必須經由學習才會形成的。

下面就解說愛與目眩神搖的差異。

愛必須經由實際體會過愛的經驗才能形成的，相對的，目眩神搖卻在二人協調前，早有得力的學習經驗——說它是走透過從過去到現在的同化，漸漸得來的有力的學習經驗。

對這點，將產生兩個重要問題：

第一是，過去曾遇到什麼學習經驗和目眩神搖有關？

第二是，這種經驗，對兩人以後的關係會產生什麼影響？

※　※　※

我們日夜都會作著各種夢，這些夢不論是快樂的，或是痛苦的，凡是我們日常生活中的人物，幾乎都會在夢中出現。

相信你一定也有經驗，所有的夢中，是不是以愛情的夢居多？而在愛裡（或幻想裡），是不是也經常出現心目中最理想的異性形象？

也許這個形象受到狹隘的限定（亦即「他」往往侷限於你的生活範圍內），但不可否認的，他是「最理想」的。

當然，另外也包括大眾的偶像。

現在姑且不論你心目中的偶像是哪一種，因為不論是哪一種，一定會在我們的腦海中重複出現（他自然是能滿足我們，又富有魅力的異性愛情對象）。由於因為這種形象是不可能與生俱來的，所以，它被認定為是在學習中獲得的。

在我們生命中的第一個愛情對象，一定會成為幻想中的主角。這是毫無疑問的，因為人往往會將最初愛的對象，同化為未來情人形象中，最重要的部分。

佛洛伊德曾說過：「一個人在選擇情人時，異性父母將給他很大的影響。」（即當女兒要選擇情人時，她往往會以父親的特性為標準）這種情形你多少感覺得到。

另外，不分男女，母親的影響特別強烈，當我們在描繪理想對象的姿態時，幾乎毫不例外地會將雙親身體上及言談、舉止上的特性包含在內。通常，像母親的比較多，可是母親以外的愛的對象，也有很大的影響（類化）。

小時候影響我們的人，往往也會影響我們選擇理想對象的形象（它是以某種方式影響的）。但是這些幻想的形象，並不是由一個人的姿態及影子所形成，它是由以前自己覺得很重要的人，以及帶給自己快樂的人的個性所聚集起來的。

唯一令人驚訝的是，這些特徵有時候會有矛盾的現象，因為幻想是不附帶語言的，難免會有這種情形。

既然幻想不是靠語言進行，那麼，幻想在學習說話前就形成了？不錯！幻想絕不只限於人類或成人，連動物及嬰兒都會有幻想。

既然幻想不一定能被語言取代，那麼，牢不可拔的影子，有時也可能存於單方面而已。

幻想是由支離破碎的形象聚合而成，而且大都不存在現實裏，所以，能完全符合這種形象的人，幾乎是不可能的。所謂的「目眩神搖」，就是以這種渺茫的形象為基礎，因此，它可說是非現實的。

在第二章中曾明白的指出，使自己感覺深愛的人，對別人也富有魅力的重要性。只是事情未必如想像中的單純而已，因為我們一定要先了解，那個人是否真的富有魅力，而且「主宰這分魅力的到底是什麼？」當然，最重要的還是那個人一定在某方面，和我們心中所描繪的情人形象有所一致。

如果一對男女初見時，立刻感受到對方的魅力，那種魅力大都具有他小時候所感受的愛的對象的特性。

換句話說，也就是他們所感受到的魅力，往往是從前愛的對象的同化。以從前的愛的對象為他同化的基礎，這種同化就叫「轉移」。

轉移時，雙方的相似即使不相似，也會在你下意識裏被否定了。即使你喜歡的對方不似你的母親或父親，但在你的心中，早已認定他像而接受他。

其實所謂的相似，包含動作、口氣、聲調……等。這種情形，應該算是某種持延反應。當然，其中也會引出某些正面反應，只是我們大都不會發現而已。

事實上，與同化有關的因素及刺激，如果太相似，我們也很可能會拒絕它。因為過於相似的東西，在我們心中一定會引起某些不悅。例如，以前一直認為某個人不適合當自己異性愛的對象，但又由於他有很多相似點……於是你開始產生迴避反應。

最重要的是，一個人長大成人後，對第一眼所感受到的有魅力的部分，往往是很重要的人，也可能引起不當的反應轉移。如果是男性，說不定他對自己的情人，會起像從前對母親一樣的反應；而女性，就很可能會像對父親般地對待她的男友。

心理學往往把這種轉移叫做「負面轉移」，也就是說，他分辨不出現在的事態，和從前有所不同，而這種轉移，也是不當的轉移。

另外，在婚後這種負面轉移也很可能繼續存在。但是，即使這種狀態長期繼續著，也讓你感到很安定，卻不是理想的狀態。

我們可以發現，一個已經長大的人，心理如果還和小孩沒兩樣，他一定很難適應人間的百態。這種開倒車般的轉移如果不太嚴重，為害倒也還不大，但假如足以妨礙一個人的責任感，那就很麻煩了。

除了不適當的轉移和負面的轉移外，還有其他的型態。舉個例子來說——當你和舊情人分手，另外又交了一個新情人時，很可能也會把對舊情人的反應，轉移到新情人身上。

這種反應往往很難適應新的人際關係，而使二人變得尬尷化。所以，如果將從前心愛的人和現在心愛的人反應同化了，很可能會招來不理想的結果。對於這點，身為當事人的你，最好能分辨清楚。

對人第一眼的反應，除了上述幾點外，還有下面的因素。

一個人心目中所期盼的情人形象，一定是比過去經驗所同化的更理想。他會隨著個人生長的環境和隸屬的文化，及某一範圍來決定自己的理想是什麼。另外，諸如大眾傳播媒介等，也會塑造我們的需求。像電影、電視、戲劇、小說……等的主角，都會暗示什麼樣的人才是我們性方面最理想的對象。我們也常常透過這些經驗，描繪出了不起的形象。比如長著一副白而整齊的牙齒，有一頭烏黑亮麗的頭髮，以及身材均勻修長……等（不過也許某些標準早已稍微改變了）。

可是在我們的文化中，究竟哪一種美，才最受尊重呢？

這很難有一定的標準，尤其所隸屬的團體其審美觀的特性，和各人生存的社會、文化，以及種族生存時所需的特性等關聯不大。

當然，在具有決定性的魅力的特性中，一定含有對生存有利的特點，也是事實。舉個例子來說：

苗條的人，對健康的身體，以及正常的體態最有利。而一個人嘴巴的大小、鼻子的形狀，以及腳踝的形狀、頭髮的顏色……等身體上的特徵，就和生存條件毫無關係。所以，單靠這些表相上的特徵來選擇對象，是最不真實，最不理想的。

尤其美的標準，常因文化而異，所以沒有絕對性的價值。

無可否認的，因文化而定的審美觀，仍會影響我們的偏好，並隨著他多接近文化所定的審美觀，而決定性的價值；也就是說，愈美貌，愈有性魅力的人，做為愛情對象的價值也愈高。

大致上我們看得出，愛戀的對象如果愈接近文化的審美標準，他的魅力就相對的提高，同時他也會受到別人的羨慕、稱讚……。

這麼看來，人其實也和汽車、寶石一樣，也是地位的象徵之一。

有時候端看自己對那個人的關心程度，以及那個人在自己心中的分量，就可以決定自己是否會「目眩神搖」。

我們追求的愛情對象可能是同化的類型，但是這種同化的情況，往往缺乏具體性和直接性。也就是說，他遠離原來的愛情對象。

得自小時候所愛的人的同化，是由某一個人到另一個人的轉移反應，相反的，來自文化標準的同化，卻是接近反應。因為是從象徵（例如所描繪，或所記的）轉移到具體人物，所以缺乏直接性。

由此可見，與其說「目眩神搖」是現實性的人性反應，不如說是存於非現實，而又理想化的形象的人性反應。

前面說過，目眩神搖是突然產生的一種現象，所以，它給我們夢幻般的感受，並非常醒目——當然，大都是表面上的。

所謂的表面，也就是指容貌，或極為膚淺的生活方式等，但是這些外表的東西，對長期的交往，並不重要。

如果這種看重表面的傾向愈大，構成目眩神搖的情緒也愈不穩定，那麼，彼此的感情一定會在短期間內結束。

當然，有時我們也要觀察它體貼的程度、追求的熱度，以及相知感深度如何等等穩定又重要的特性。像這樣，一面觀察，一面繼續被對方吸引時，兩人一定可以維持長期的交往。

如果在足以使人目眩神搖的魅力中，含有持續性，就算你們初見時，只是感到「這個人真有魅力」或「這個人真不錯」……等剎那的動心，說不定對方還真是與你匹配的好對象。

不管如何，希望我們不要過於輕視目眩神搖的感情。

目眩神搖與美貌

一份「顯示美貌的重要性」的研究報告指出：一般的大學生，對初識的對象，是否要繼續交往，完全決定於她（他）是否「美貌」。如果你覺得他（她）外表不俗，而你的朋友也認定他（她）深具魅力，那麼，你們才可能繼續交往，才會願意進一步的了解他（她），關心他（她）。

另外，就是在舞會後，你會不會再和你的舞伴約會，幾乎也是以容貌做為決定的因素，像志向、興趣、個性……等其他因素，都不太重要。

也許這個研究報告，和我們所認為的不太一樣，為什麼不論男性或女性，幾乎都不會對生理上的魅力表示強烈的反應？

不錯！因為以容貌做為社交的基礎是直覺上的判斷。這一點是不是多少讓你感到失望？

對同一群大學生進行測驗，結果顯示：

「美貌對婚姻的持久性也很重要。」

對這點，男生的傾向似乎比女生強些，不過差異很小。

研究家們原本把結婚對象的選擇條件，放在更值得深慮的個性、興趣以及經濟……等焦點上，但是沒想到結果卻出人意表。沒想到女性也和男性同樣的看重容貌。

身體上的魅力，到底意味著什麼？

你一定不敢相信，容貌會直接或間接的影響社會上相互的作用，但不可否認的，它確實有影響力。

性的象徵雖然不穩定，但是這種不穩定性，確實使美貌成為增強作用的重點。如果我們繼續把情人視為自己在社會上的地位與成就的證明，那麼，我們就會繼續享受那種特別的增強作用。

這個增強作用也就是證明自己富有魅力。想想，這是多麼引以為傲的事啊！我們具有把美貌的對方佔為己有的能力，這是多麼不簡單……。

可是這種現象，絕不會持續太久，因為隨著時光的消逝，這種感覺也會漸漸淡化。也就是，做為增強作用的力量，會漸漸的消失。

當這個增強作用的力量消失後，我們會發現另一個判斷個人的方法，並會根據這個方法，做為對方是否適合自己的衡量標準。當然，這時的判斷標準，未必是美貌。

由此可見，一個容貌出眾、深具魅力的人，並不表示任何人都會被他吸引，所以，在繼續交往的過程中，容貌在剛開始時非常重要，到以後這種重要性就會慢慢減活。

假加我們一直固執於這種增強作用，很可能會養成想征服一切，主宰一切的個性。在這裡，要特別強調的是，能夠對容貌以外的特性，長期而強烈地起反應的人，是一個容易掌握永久性增強作用的人。

美貌有增強作用的力量，但是，它的增強作用並不持久。對這種結果我們一點也不必感到驚訝。因為我們所以會對美貌有強烈的反應，最主要的原因是它容易分辨，易起反應，而且不必透過以前的經驗來肯定。

對其他重要的特性，想一眼就加以肯定，並不容易，所以，容貌是在一定的標準下被評價的。亦即初見面時，不管對方多有魅力，對建立永久的人際關係上，無法成為充分的條件。

也不知是好是壞，在我們的社會上，很容易因一次的邂逅，而開始交往。

社會上爾詐我虞，即使經常見面的人，也彼此很難了解，因此，社會關係也異常淡漠……。無可諱言的，在社會剛形成之初，人與人的接觸有習慣性的影響，行為也變得公式化。在這種情況下，人很少表現出自己的個性或特性。

談戀愛也一樣，我們常以相當固定的方式接近對方。這個公式就是，男性先求愛，然後女性開始接受。

至於交談的內容，也極為平凡。這是因為「談戀愛時的行動是有所忌諱的」。也就是說，有一種期望、被要求的行動，也有一種被壓抑的行動。

如果他們之間的感情發展到某一程度，可以靠自己的意思決定某些事，也必須從習慣性的公式化的幾個項目中，選擇一項。例如，今天晚上到底要看電視、歌舞劇，或打保齡球、桌球？

不管你採取哪種方式，只要能使個人的生活過得愉快，又不違背社會的規範，那麼在很多場合，都是很容易起反應的。因為我們會知道什麼時候去訪問對方最恰當，又該在什麼時候和他談健康、氣候，以及親人們的消息……。當然，也會在適當的情況下，建議對方一起去吃漢堡或看電影。

以這種方式交往，大致都會順利成功。但如果他想依自己的方法，來觀察別人的生活習慣，並針對他們的生活習慣適應他們，這就難了，搞不好還得不償失呢？

愛與目眩神搖

愛與目眩神搖都是因想和別人更親近，而引起的一種強烈反應。一般說來，其中都含有雙方性的需求。

不論是溫柔、體貼、憧憬、快樂、照顧……等等的需求和感情，雙方都表現的非常類似，這種相似非常重要，但要注意，這裡所說的相似點，和前面說過的「雙方的差異」都深具意義，而且差異極大。

因為它們的歷史各個相同，所帶動的行為，也不相似。最重要的是，隨著時間的消逝，會使結果益發不同。

由這點我們可以從他們長期進行的相互的增強作用，預測出他們可能以怎樣的方式繼續交往。這種的預測相當可靠。

在心理學上，有一個定律是這樣的：

「對未來行動最準確的預言者，就是過去的行為。」

在目眩神搖的情況下，如果你想要以非現實的反應為中心，藉以預測未來，那就不太管用了，因為它顯然無法當個預言者。

這時，最重要的問題是「該如何分辨愛與目眩神搖的差異」。換句話說，就是「愛慕之情不斷增加，就是真愛」。但是我們該如何，以及何時，確認真愛呢？

另外，還有一個極單純又有效的方法，可以預測出兩人交往時間的長短，及使愛情充分發展所需的時間……。

雖然單看在那時間內，兩人互相作用的強度和內容，可以決定交往時間的長短，但是，單靠它來預測未來，也未免太脆弱了。舉個例子說：

一對男女長期的每天在一起，和偶爾相處在一起的情況完全不同。說不定在某一個特定的時間內，他們會有許多增強作用的經驗，也說不定他們會反覆地做些無聊至極的事。不管怎麼樣，如果兩人擁有共同經驗的範圍愈廣，那麼，他們的關係就會發展得愈快。另外，剛開始時如果兩人的經歷愈相近，那麼，遭遇的刺激也會愈相近，就可預料他們一定會好好相處。

如果想讓雙方的愛情順利發展，至少需要多少時間？對於這個問題，一定沒人有肯定的答案。因為它除了用常理和直覺來判斷外，別無他法。所以，如果一定要說出個數字，就難免過於武斷。

話又說回來，在共同擁有多種經驗的理想狀況下，想確立愛情，至少需要六個月的時間，但這種判斷並不理想。

因為想區別目眩神搖和愛情相互作用的時間長短及多樣性，這是不一的尺度。另外在我們的感情和行為身上，也有線索可尋。

關於這點，我們不妨仔細想想，未來的情人，是不是一定要完全符合自己的理想，才可能引起追求他的動機？又因為這個想像中的人，我們從未見過，也沒有實際的交往經驗，所以只能說是一個幻想的形象而已。

比如，對某個人如果愈缺乏實際的交往經驗，我們就愈容易相信他是心目中的「理想」朋友。這點正意味著，如果你和你的情人沒有很多共同的實際交往經驗，你一定對他百般幻想；相反的，如果你們擁有很多共同的實際經驗，你就不會想像他的特色。在這種情況下，你倒不如回想以前他那些討人喜歡的特點來得好些。

有一個方法可以衡量你們的愛情有多深，以及目眩神搖到什麼程度，然後盡情地發揮想像力。比回想以前交往時，感覺幸福的事……。雖然以這些記憶，想像將來可能發生的相似經驗並不完全，但是至少是一種符合現實的作法。

因為當你非常了解你的情人時，那種成為刺激作用的神秘性將會降低，所以，你最好不要空想一些有關他（她）的事。也就是說，當你愈了解他，則目眩神搖的程度就愈降低。

當然，也許你會更愛他，但也說不定你會因更了解他，而產生不良的愛。但是，既然隨著交往，使你對他的魅力強度銳減，那麼可以肯定的說：「這是因為目眩神搖的因素太強的緣故。」

如果你們的愛，不只是目眩神搖，那你就大可放心了，因為只有這樣，才是真正的愛。

真正的愛是隨著相互作用，不斷的提升想接近對方的需求，並產生緊密的共鳴……等，也使深愛對方的意識隨著增強。當你發現一切多少都在不斷的轉變，而他的心情和動機也同樣在轉變時，你就可以判斷自己是否愛他。

在這裡下一個明確的結論是，如果想要判斷雙方是否能繼續維持彼此的關係時，只要看兩人共度時間的長短，以及在那個時間裏，是否有廣泛的接觸來決定。共同的經驗愈接近將來共同享受的經驗，也愈容易預測是否能建立永恒的關係。也許在走向紅毯的那一端前，就已經共同生活過，反而會讓你們的婚姻生活，維持得更長久。

未結婚先同居，已成為目前屢見不鮮的事，年輕人採用這種方式的最大原因可能就在此了。

「婚前同居」似乎和現時的道德規範，格格不入。尤其是社會和同居之間，更會造成不自然和不安。因此，同居多少會受到大家的批評。這是「同居」的缺點。

他們的關係受到大家的指點，他們的愛，也有被禁止的趨勢。因此，雖然他們是在羅曼蒂克的氣氛下生活，卻不被接受，於是在他們之間，就會形成一種壓迫感。這種壓迫感不但無法使他們的感情繼續發展下去，還可能阻礙他們的結合。

當然，這種現象只是一般的情況。另外還有一種情況，就是這種外來的壓迫感，很可能反而使他們覺得「我們已經合力抵抗這個社會了」，因此，他們會更緊密的結合在一起，親密感也會日復一日的提升……。

不管怎麼說，婚前同居絕不理想，如果你想嘗試一下錯誤的話，也不必拿自己的終生幸福開玩笑。

如果你們的戀愛已經成熟，何不公證結婚，彼此定個契約，等你們有了小孩，或共同生活一年後，如果覺得不太合適，結束這層關係也還不遲啊！畢竟這樣比較適合我們的社會。

假如在婚後，你們的愛情更深濃，覺得彼此真是天生一對，那不就皆大歡喜了嗎？何必一定要嘗試錯誤的一步呢？

其實，目眩神搖是指在性方面，被某個人強烈吸引的狀態。至於為什麼會產生「目眩神搖」，可能是那個人和幻想中的情人非常相似。

不過，這種愛和刻骨銘心的愛，最大的差異是，目眩神搖的愛並沒有實際受到愛人的增強作用。

「幻想」往往是以小時候的愛情關係和當時所受的影響為起點，因此，目眩神搖的愛常會顯得做作，而且大都無法持續。

如要區別到底是愛還是目眩神搖，只要看你們的關係維持多久、把他（她）看成什麼樣的人，以及你們的感情是否節節上升就可以了。

不過，如果你們能在婚前就確定這點，並肯定彼此的感情，那麼，婚姻生活將會更美滿，長久。

第四章　愛與結婚

需求不滿與糾葛

前面沒有詳細的介紹「需求不滿」以及「糾葛」，就不斷的使用它。也許會讓你覺得滿頭霧水。現在是詳細解說這些重要概念的時候了。

為什麼會說它「重要」呢？因為在一個人的生活體驗中，「需求不滿」和「糾葛」擔任著非常重要的任務，尤其在「愛」的世界裡，它最常出現。

當需求和動機因環境而異，無法順利獲得滿足時，也就是，接近反應或逃避反應受到阻礙時，我們就會立刻陷入需求不滿的狀況中。舉個例子來說：

當一個人飢渴交迫，在性方面又得不到滿足時，他一定痛苦萬分，一心只想要一些聊以充飢的食物、足以解渴的水源，和能進行性行為的對象。他會不斷的盼望，當他非常迫切盼望時，就會產生「需求不滿」，並因而感到不快。最後終於造成了強烈的壓迫感。

對大部分的人來說，「幼兒期」應該是一個人得不到生理上的需求和滿足，而造成需求不滿的唯一時期。

隨著經濟的發展，中產階級的人，除了「性」之外，幾乎都能獲得第一次的增強作用因素。例如，食品、飲料、住宅等，任誰都可以隨手取得。人得不到一次性的增強作用，而成為需求不滿的，只有在發生水災、風災和地震等大天災中才有。

性因被限於道德規範內，以及社會結構中，所以，最容易產生需求不滿。可是假如站在生理的需求上，看社會和個人的需求時，那又是另一回事了。

假如想透過學習以獲得滿足（社會上的需求和動機），那麼，每個人都會感到需求不滿，但這關係私人的名譽問題。另外，想與別人維持良好的人際關係時，也一定會經歷好幾次的接近反應阻礙及逃避反應。

一位淚水滿眶，悶聲不響的坐在電話機旁，等電話的女性，似乎可以確定地處在需求不滿的狀態中。

原來這位女性就讀的大學，將在下個星期舉行歡送舞會，而到目前為止，她一直沒有舞伴的消息，與其說她是因生理上的需求得不到滿足，倒不如說她是因社會上的期望得不到滿足，而感到不滿。

另外還有一個例子。

有一位年輕男子，在眾香國裡老是莫名地吃不開。每當他約女孩子出外吃飯或看電影時，都被拒絕。這時這位年輕男子勢必處於嚴重的需求不滿的狀態中。

雖然這只表示他對性的需求被拒絕了，但更重要的是，從此，他就無法適當的完成伙伴們交給他的任務。在這種情況下，可以肯定的說：「在社會上的需求得不到滿足，比在生理上得不到滿足的影響更大。」

同樣的，一位新娘如果在蜜月旅行中，無法得到性高潮，那麼，這位新娘勢必感到需求不滿。

再重複一次，新娘之所以會感到需求不滿，大都是因為無法負荷現代社會所要求的社會通念。這也就是說，她很顯然的可以成為一位「開放女性」，又因為她可以完成「開放女性」的任務，但結果不但沒有完成，而且也無法順從「該」那樣做的社會一般觀念。

我們只要一遇到需求不滿時，大都會以一貫的作風適應它。這麼一來，往往會以破壞性和自我挫折性的結果收場。

下面就檢討需求不滿的結果，以及適應方策。在說明之前，先探討一下「什麼是糾葛」。

糾葛是需求不滿的最普遍的原因之一，因為它和其他的障礙一樣，一旦陷入糾葛中想要對外表達自己的需求，一定會受阻止。

一般說來，一個人之所以會陷入糾葛中，都是因「必須在兩個魅力相同的目標中選擇一個，或被迫選擇令人不快的雙方中之一，以及富有魅力和惹人討厭的對象同時存在等。」

相信在我們的生活體驗中，一定還有許多需求不滿的情況，而且假如選擇的對象相互對立，若想站在其中的一方，也有動彈不得的感覺，就像囚犯一樣。

記得有一篇寓言是這樣的：

有一天，農夫發現他的驢被兩堆飼草活活壓死。等他再仔細觀察時，才發現原來驢並非因窒息而死，而是餓死的。

這雖是一個不可思議的故事，但是，它同時也告訴我們：在一個既豐裕又美好的環境中，因心中糾葛而活活餓死的情況，極可能發生。

在愛情中，最普遍的需求不滿也是因糾葛而起的，而且糾葛的確佔有愛情的最主要部分。相信你一定也有經驗，在愛的世界裡，當你有很多選擇的對象時，是不是常因難以選擇而產生糾葛？

引起糾葛的原因有好幾個，假如你選擇的對象都極具魅力，你很可能會立刻陷入心理學家所說的「接近——接近」的糾葛中。也就是說，凡陷於「接近——接近」狀況的人，都是因為兩個對方的能力幾乎相當，讓你無從選擇。當然，最主要的原因還在兩個你都想得到。舉個例子來說：

在派對中，麗慧和文綺是兩個活力充沛，耀眼奪目的女孩，你不但被她們吸引，同時你也不肯放過其中的任何一個……，於是在你的心中就會產生糾葛。當然，像這樣接近——接近的糾葛力並下太嚴重，可是當你要選擇結婚對象時，就會感到這個糾葛非常惱人了。

你倒底選擇麗慧或文綺？應就此結婚，或繼續努力創業？……一般說來，當你選擇的對象對你愈重要，或選擇的對象和你的交情愈深時，你心中的糾葛就會愈大。

通常，接近——接近的糾葛都很不穩定，也就是說，兩個非常有魅力的選擇對象，往往很少會長時間的困擾我們。

一個愈有魅力的對象，我們愈想接近他，這是魅力的特質。心理學家常將它稱為「目標梯度」。假定我們朝正面增強作用的因素「移動」，就會增強這一方的強度，而使另一方的強度降低。這時，你心中的糾葛就能解決。

因為這時你的選擇，有明確的決定，障礙也隨之消除。

我們還要說明一下「純粹的」接近——接近的糾葛狀態。「純粹的」接近——接近糾葛狀態，很少產生。事實上，接近——接近的糾葛，多半會在現實上成為「雙重的接近——迴避」。但是，想獲得一方的目標時，當然必須放棄另一方的目標。這正意味著，你為了怕失去他，結果反而使情形更糟糕。因為你必須迴避將來可能結婚的對象。

麗慧和文綺是兩個同富魅力的女性，可是如果你得到其中的一個，一定會失去另一個。這種情況使你陷入雙重的接近——迴避。這個問題非常普遍，而且難以解決。這種接近——迴避的糾葛，是人類在生活中最為難的一種痛苦體驗。

在糾葛狀況下，做選擇時，既不愉快又厭煩，這叫做迴避——迴避的糾葛。像這種進退維谷的例子，最常見的是：

當一個小孩被父母逼著吃他最討厭吃的苦瓜時，他一定會反抗而逃避，如果這時，他的父母告訴他：「你若不吃苦瓜，就回自己的房中，不准出來。」小孩討厭吃苦瓜，也討厭回到自己的房中，在這種情況下，他一定會將臉轉向別處，拒絕選擇。

但是，他的雙親才不允許他這麼任性，他們不但一直繼續逼他選擇，而且還更嚴厲的告訴他：「你如果不選擇，會受到更嚴厲的懲罰。」小孩在這種威脅的煎熬下，會產生迴避——迴避的糾葛。

對小孩來說，苦瓜的味道，和被關在自己的房內，一樣令他不快。

迴避——迴避比接近——接近，更難持久。事實上，當你遠離一方不悅的選擇對象時，它的負面作用自然會降低。這麼一來，你就會更接近另一個選擇對象，結果不快感反而更強烈，於是你又被推回最初的選擇對象那邊去……。在這種不停的選擇和逃避的情況下，你會站在中間，那兒也不去。

情形雖然大致如此，可是它還是受時間的限制，因為到最後，他勢必要被迫選擇其中的一個。

在愛情中，很少看到這種迴避——迴避的糾葛。也就是說接近——迴避的情況，要比迴避——迴避的情況多些。

所以，在戀愛的關係中，這種糾葛是無法避免的。而且在接近——迴避中，同一個目標又具備了正、負兩面的價值。也就是說，你雖然很想接近有魅力的一方，但也想迴避他。

因為引起動機後，一定會有不愉快的結果，所以我們心中異常矛盾——一心期盼得到他，但又覺得不安，有些害怕……既想接近他，又想迴避它……當這種報酬和懲罰相抵觸時，忽然會使你立刻陷入進退維谷的狀態中。到頭來，反而使你得不到任何滿足。因為假如你移向這一方，也就捨棄了另一方的需求，雙方都受影響。

迴避反應又比接近反應強，所以愈接近目標，迴避的反應不但愈強，而且其強度的轉變，也比接近動因更激烈。

像這樣人們因為知道自己離目標尚有一段距離，而且從這裏看來，似乎正負作用都相等，一旦想向目標移動時，逃避傾向比接近傾向更強烈，因此他會想逃離目標。

但是，一旦真的逃離目標後，逃避的動機，卻又很快地消失了，於是他會再被目標吸引。簡單的說，接近——迴避是人類處於進退維谷中，最痛苦的情況之一。

因為我們的選擇，會比外來的迴避——迴避糾葛具有更沈重的壓力，所以才會呈現難題。

哈姆雷特有一句非常有名的，涉及愛情的獨白。

「想結婚時該如何?想離婚時又該如何?想偷情時、想生小孩時、要移情別戀時，要如何處置……等等，實在不勝枚舉。」

事實上，這些行為，都反應了報酬和懲罰。也就是說，當雙方強度相等時，其行為就會被制止。

一個人在動彈不得而又無力解決時，往往只會靜止不動。但是按一般情況來說，他的心情一定會漸漸擺動，然後他會先接近，再退卻……這樣的行動，會反覆好幾次。

但是，就算他行動了，也絕不會太接近目標。雖然如此，他還是會停滯在這種狀況中，因為有希望，或可能得到報酬，所以，糾葛會不斷的持續下去。

有幾種接近——迴避的糾葛，是經常可以經驗到的。很多人的態度，可以說是社會的遺產，因為這一個遺產透過了語言和實例，而被繼承下去。就像第三章所說的對性的糾葛一樣。也就是說，性不但是神聖美好的，同時也是令人感到嘔心、骯髒的東西，這不正是接近——迴避的最典型例子嗎？

無論是生理或心理的需求不滿，都會使人在目標的追求上受到阻礙。隨著某種糾葛而產生的無力感，會引起不同的需求不滿和警覺作用。它會提高個人的緊張感，而緊張感已達何種程度，必須看他動機的強度，及受阻礙的強度如何。

以一個家庭而言，如果這個家庭的雙親的社會地位很低，那麼，他們一定希望女兒能找到一位金龜婿。這時，這個女兒一定會有強烈的緊張感。她對同齡的男性，及沒有聲望、地位的年輕小伙子，不易產生好感。

假如雙親沒有把這份沈重的壓力加在她身上，她就不會感到這麼大的需求不滿。

假如新娘子渴望羅曼蒂克的婚姻生活，一定會發現那些使人感到齷齪、無聊的婚姻生活，和自己的夢想竟然迥然不同。

至於她的失望及伴隨而來的緊張感有多深，只要看她對婚姻的期望有多大就可以決定了。她對婚姻生活的憧憬越大，問題就越大。

另外，從個人到社會，很容易受到婚前交往的影響。因顧及道德，而對婚前的交往敬謝不銘的年輕女孩，可能陷入強烈的糾葛不滿中。

假如這兩種反向的衝動都非常強烈，那麼隨著糾葛（接近——迴避）而產生的緊張感，會大到令人難以忍受。

在複雜的社會中，需求不滿往往很難避免。也就是說，任誰都有需求不滿的經驗，而這種經驗，絕沒有多大的影響。

可是連續的強烈需求不滿就不一樣了。因為滲透性的需求不滿的緊張感，會隨著時間而逐漸提高。這也就是為什麼我們經常聽說，某某人的婚姻生活突然破裂了……等等令人驚訝的事。

你或許碰過這樣的事：

有一天，你的朋友突然離婚了，當時你很驚訝，因為你一向認為他們處得很好，「突然」的離婚，確實出乎你意料。

其實仔細的想一想，真正「突然」的情況很少。

像這樣的婚姻，可能是需求不滿的緊張感，早已直線上升，到了無法收拾時，才因受不了而爆發的。

它簡直就像是一顆定時炸彈，即使你想瞞，也絕對無法長久地瞞住（當然這是指處在需求不滿的狀態下）你頂多只能找到另一個解決方法而已。

隨著緊張感的提高，立刻帶來更想努力的心理，這時，不管有什麼障礙，你都想克服它。而且不管是個人或社會上的努力，你都會採取象徵性的形式。

當他們的婚姻發生問題時，我們會為他們感到焦急難安。必須經過深思熟慮後，才能剔除一向撲朔迷離的末梢問題。

有了新的構想，並使問題清楚地顯現出來，這不但是建設性的行為，也是解決問題的好辦法。同時我們也會發現其中的價值。有時在短時間裡，本受詛咒的東西，卻搖身一變，成為長期受祝福的東西了。

下面就介紹如何度過和自己期望的羅曼蒂克式的理想婚姻生活，不一樣的生活。幻想中的新娘子在進退維谷等，除了深深的失望外，還會特地將婚後的實質優點分出來。她唯有勇敢的面對現實，否則必招來更大的惡果。

她漸漸發現婚姻生活中還有其他更有意義的東西。例如，丈夫經過一次的職業調動後，竟然升遷幾級或他遇到困難等，會向你要求支援之手，還有對小孩的期望、經濟上的壓迫感……等等。當你的生活目標逐漸實現，或自己的價值被肯定等，你才會覺得心中的需求不滿已漸漸的消失了。

在眾香國中吃不開的年輕男士，情況又如何？

說不定這位男生在需求不滿，而產生緊張感的情況中，已掌握了他失戀的原因。另外，透過自我反省，清楚的看出障礙時，反而更能看出妨礙成功的個人缺點。

假如以照單全收的想法來看，說不定原因會更明顯，否則那種原因幾乎和透過母親培養出來的最初期愛情關係，及對四周的人感到焦急難安的態度同樣複雜。

在我們的能力範圍內，哪種需求不滿較強烈？

每個人都具備足以應付需求不滿的耐力，但是，如果需求不滿超出了個人的處理能力時，因而產生的緊張感，會有壓倒性的強度。這時，就會產生攻擊性，或畏首畏尾的行為。

應付需求不滿的耐力，是經由學習而來的。它就像一般嘗試性的身體病症一樣，即使痛苦也必須忍耐到產生抵抗力為止。養育小孩時，那種強調「有求必應」的育兒書，不太實際。因為在孩子小時候，應該讓他體驗一些需求不滿。唯有這樣，才能培養出他的耐性，將來才能應付一些無可避免的需求不滿。

如何解決糾葛

假如糾葛得不到解決，那麼，因糾葛而產生的需求不滿，自然會一直持續下去。因此，我們不得不懷疑，糾葛要如何解決？

無疑地，假如有兩種力量相等，而反應卻相反的兩件事，只要有一方佔優勢，那麼其中所產生的糾葛，自然就會消失。

換句話說，如果想使糾葛消失，必須削弱一方，或增強另一方。因為唯有在同條件下，才會妨礙這件事的決定，也才會引起糾葛。

在接近——迴避的例子中（再次指摘出它在糾葛中的影響力），所以會產生接近反應，是因為目標變得更理想，或目標的負面作用減少之故。

另一種狀況是，離開目標，也就是迴避行為出現了。這時，如果不是否定性的特性增強了，就是目標的理想面被削弱了。

假如因刺激而引起的轉移妨礙移動時，就會產生顛覆。

一個年輕女孩子如果對婚前的事耿耿於懷，那麼，她一定會陷入糾葛中，而且不管她有什麼理由，只要是強烈的感受到私人或社會的衝動，那就表示她正在逐漸接近那個目標。

相反的，如果限制她的道德觀削弱了，她還是會走向那個目標。但是，假如引起動機的形態正好相反，那麼，她一定會遠離那個目標，而她的糾葛也會透過迴避的方式，得到圓滿的解決。

此外，無論她選擇哪種方式，她都能舒舒服服。

是什麼原因使動機產生這麼大的變化？難道是因為某種因素增強目標的理想性，而使負面的特性變小嗎？

當然，可以列舉許多時間因素，或偶然因素，但那都是無法預料的。比如說：

如前所述，處於糾葛中的她，如果出現了一個具有了不起魅力的男性，說不定她會遠離以前的情人，而除去某些糾葛。

當然，這絕不是她的婚前關係出現了危機，而是一個更具有魅力的對象使她的男伴在她心目中的地位遽降。

有時透過這種意想不到的事，會使糾葛產生變化。一般說來，糾葛透過為了滿足需求，瞭解問題障礙的過程（透過對事態的重新評價，以及事態明確化的過程）而消失。

換句話說，如果他為了解決問題，而把重點放在選擇的對象上時，說不定能發現某一方佔優勢的因素。假如兩人的關係是偽裝在「誠實的愛」上，那麼，她很可能會朝那個方向走去。

按照這種想法，我們可以說那人的魅力被提升了，而產生了所謂的接近反應。也說不定她會根據她從前感到的「他似乎沒有像我想他那般的想我」的否定想法，而開始逃避對方。

這就是迴避反應佔優勢的情況。由此可見，目標的魅力因為否定的想法，而被削弱了。

心理學家們經過實驗後，發現能刺激問題的解決，或妨礙它的因素很多。他們為了了解這些抽象的問題（如猜謎以及數學上的推理等問題），觀察一些小孩或成人的遊戲後，發現有個原則可以影響這個問題。

我們相信，這個原則也適用於各人的生活領域。也就是說它有助於解決需求不滿或糾葛。

原則上，實驗性的猜謎和各人的猜謎（假如能客觀地觀察後者的話）非常相似。當然，我們並不主張單靠這些原則來解決每個人的問題，而主張對滿足個人及社會上的需求障礙加以解決。

這對解決糾葛也有助益。

問題的解決與情緒

(1)稍微詳細的說明這個問題，然後設法刪除不必要的枝節部分。這時，問題的核心自然就顯現出來了。

這些和本質無關的枝節部分，就是心理學家所說的「精神迷亂症」。

也有人將「精神迷亂症」稱為「精神散亂」，所以，一些零碎而又不重要的部分，常常妨礙我們找出問題的癥結。

(2)面對現實，向曖昧挑戰，把複雜的感情，加以分類，並引回具體的事物上。雖然這些感情大都很模糊，可是最能打動人心，所以，我們不但根據它而行動，同時也覺得應該這麼做。

我們可以以此判定事情的「好」或「不好」，並分析自己真正害怕的到底是什麼。我們可以先具體的將這些特定的行為整理出來，然後再判為「不好」，或「不道德」等等。繼而面對它思考，想想它到底意味著什麼。

我們先要考慮的是，判定的標準是如何來的，是因為有人那麼說，自己才會那麼想嗎？能靠自己的經驗，找到正確的答案嗎？或必須在最好的時候及最壞的時刻才會產生「為什麼」？

假如我們能夠靜心地捫心自問，然後把感情標籤化的缺點，引到具體的對象上，問題就可獲得解決，否則就會變成偽裝。如能這樣，就能找出它不滿的真正原因。

(3)我們以極普遍的情況探求「想求好的可能性」。先把發生的事，依時間的先後次序排列，假如這個排列在次序上產生錯誤，一定會出問題。

從前當我們面臨問題時，一定會先想：這到底要如何解決（假如這個問題發生在過去或未來，也許就有成功的解決辦法）。因為在當時你無法適當的操作並解決，因此，它成為一個「妨礙」。例如，老習慣往往會成為解決的障礙。

這種情況很多，所以除了呆板的作風外，其他的方式都可能有助於問題的解決。

(4)和朋友好好的聊聊，並把你的想法全說出來。這和自我思考的效果不同，因為用語言把你的感受講出來，會有以下幾個優點。

「說」乍看起來，似乎是把問題攤在面前，其實它可以博得同情，並消除壓力。假如你對發生的問題，既緊張又不太在乎，一定會妨礙事情的解決。

實驗室裏的實驗也如此。當我們解決問題的能力，遇到強大的壓力時，折損力一定很大。另外，朋友提供的消息或資料，也許能讓我們知道一些從前不知道的事情，畢竟「旁觀者清」。

(5)先稍微放鬆一下，如果可能的話，暫時將所有的問題擱在一旁。等休息過後，再回到問題上，說不定會獲致不同的觀感呢！也可能在「休息」中，問題就獲得解決了。因為有時在下意識的努力中，會使問題豁然而解，這種情形稱為「孵化期」。在某一水平線上，必須退出好幾次，以重新思考這個問題。

(6)假如問題來得很突然，而且眼前似乎有新的發展時，最好不要堅持最初的解決方法，因為突然出現的解決辦法，也許更好。這樣說，是有事實根據的。

我們站在問題外，細細地觀察問題的核心，然後把身心鬆弛下來，可以想出更完善的解決方法。

下面就以沛瑩的情形為例，做說明。

沛瑩是一個二十來歲，結婚已經五年的女性，她在結婚的五年中，都沒有生下一男半女。

雖然她很愛她的丈夫，但是，經過了幾年的現實生活，她漸漸發現現實生活，完全不似她婚前所期望的那般羅曼蒂克，於是為了發洩，她把自己的觸角向四處發散。

她開始把目標轉向公司裡那個英俊瀟灑的年輕男士身上。沒想到，他們竟然發生了超友誼的關係，而且雙方都深深的陷入熱戀中……。

他們的接觸使沛瑩心動，而她也對和他的約會，充滿渴望……為了要和情人共度快樂的時光，沛瑩開始覺得丈夫是個絆腳石，是她和情人約會的一大障礙。

剛開始時，沛瑩只不過是逢場作戲，享受約會的樂趣而已，但和情人相處久後，雙方的感情愈陷愈深，慢慢的，她竟和情人計畫起將來。

另一方面，她和丈夫的婚姻生活也變得枯燥無味，惡劣萬分……，沛瑩對丈夫的疏離感開始直線上升。

但是，人終究是要面對現實的，在現實的驅使下，沛瑩必須在丈夫和情人中，選擇一個。到底是和丈夫離婚，還是和情人分手？

她的情人能使她獲得生活上的樂趣，及性方面的滿足，而她的丈夫又使她有足夠的家庭安全感。當然，要她做抉擇是很難的，因為她兩個都愛，假如選擇其中一個，她就必須放棄另一個……。

她無法迴避，而處於糾葛中，並痛苦萬分。如想解決這種糾葛，前面的指引是很適用的。

(1)她可以詳細的考慮一下這個複雜的問題，做一個妥善的選擇。到底該選擇誰？

她的丈夫很有深度，也很親切、體貼，並且深愛沛瑩。此外，他的收入也還不錯，再加上他是一個既善良又理智的配偶。

而她的情人英俊瀟灑，他們在一起時，會覺得心情特別開朗。雖然這位男孩看起來很愛她，但是他卻有點不成熟，思考力也沒有她丈夫深刻，而且收入也不太好。

假如她和丈夫在一起，她會很有安全感，也很輕鬆，沒有生活上的壓力和負擔。

假如她和情人在一起，她可以享受耳邊的輕聲細語，卿卿我我的興奮和快感。她可以忘掉一切……。

如果她選擇其中的一個，那麼，另一個一定不會輕易的放棄她。同時，她也怕選擇後，會給另一個帶來煩惱和痛苦。但比較之下，丈夫離開她後的痛苦會比較深些。

她開始察覺離婚的困難，因為離婚後，她的生活不但會有遽變，而且也會影響別人。

但是，沛瑩如果不下定決心做個明智的抉擇，那麼，她除了會迷失自己外，其他的兩個人也會直接受傷害。

所以，如果她輕率的選擇，他們三個人就會陷入煩惱中。同樣的，她也不必要以長遠的眼光去處理實際上並不太重要的短期性麻煩——例如離婚，或別人的意見。最後她把他們分別列在一張紙上，將她和兩個男性未來的關係做一個比較。

⑵她很明顯的以情人做樣本，認為丈夫必須英俊瀟灑。可是她又難免自問：「為什麼？」英俊的丈夫到底能帶給自己什麼？是了不起的地位？還是快樂的生活？一個英俊的丈夫（可能這是她心中所渴求的）潛藏的危險又是什麼？

外表並不突出的男士，卻奪走了她的心……。經過長年累月的相處，她漸漸發現英俊並不重要。同樣的，她開始分析兩位男性身、心兩方面的特性，並加以評估。

⑶她換了幾個思考過程。她想，假加自己和情人結婚，並在結婚後放棄他，她會有什麼感覺？丈夫會不會仍愛她？事實上，和情人在一起的興奮感，是在任何戀愛中，都會有的。

(4)她把心事透露給也認識這兩個男士的好友。適巧，她的朋友知道她的情人前科累累，早就和有夫之婦有過曖昧關係。這麼一來，他和自己的關係，難免令人起疑。

(5)她為了使自己徹底的冷靜下來，於是她離開丈夫與情人，回鄉省親，同時也順便會會朋友。沒想到兩、三星期後，她開始覺得，和情人斷決關係是個好抉擇。

(6)雖然如此，她還是猶豫不決。她一再借口逗留在故鄉。不久，她接受了自己的決定，於是她馬上付諸行動。結果她覺得日常生活的緊張感減弱了許多，而且婚姻生活也比以前更令人滿意。

解決問題的方式無法十全十美，但是，只要應用適當，不管是對自己或對問題都有助益。當然，一個完美的解決辦法，並不適用於每個問題。

有時我們會很快地想出一些方法，但事後一想，會發覺並不理想。

坦白說，與其用腦子想，倒不如用感情行事。這就是所謂的情緒性的衝動。這種情緒性解決問題的現象是什麼？而且理智和情緒上的解決過程，真的是兩回事嗎？

這個答案當然是「不」。但我們也不能否定，情緒會妨礙「合理」的解決方案。因為情緒與邏輯並不矛盾。它只是另一種現象罷了。

刺激性的情緒反應，就是想更接近刺激或疏遠刺激的需求。相反的，合理的反應可以說是滿足這一需求的方法。

接下來，談談合理性的妨礙有多大。

如前所述，極度的緊張會妨礙問題的解決。如恐懼、不安和情緒上的強烈反應，會帶來破壞性的緊張感。而且我們感覺到的不安和恐懼，也未必全有明顯的根據。它們是在不正常的環境下產生的，或經由不幸的事件而學習的反應。

比如，因為相信自慰對身體有害，而怕自慰行為，會使我們陷入不合理的恐懼中。就像不合理的恐懼和不安會使患有神經症的人——尤其是在愛與被愛的事件中，常常產生恐懼和不安一樣。因為迴避反應可能破壞幸福的愛情關係中的接近反應。

像這種不安，往往會有錯誤的自覺，並形成錯誤的人際關係——尤其性關係的觀念。結果在愛情關係中，難免和對方有強烈的糾葛。這時，如果糾葛沒有解決，就會被留存下來，反應在不正常的行為上。關於這點容後再詳述。

不斷增強的需求不滿

需求不滿不一定都能獲得解決，有時候，障礙無法克服時，會長期地處在需求不滿的狀態中。這種受阻的需求是否影響生命？需求雖然長期受阻，但是如身體還安全，就不影響生命。需求不滿不斷增強時，會遭致什麼結果，就要看它影響我們的生活領域有多大。

當然，一個人的需求如果一直無法獲得滿足，一定得不到正面的增強作用。也就是說，個人的行為會被消除。

換句話說，一個人如果面臨毫無極限的需求不滿時，只會學到「一無事事」，很快的開始疏懶，不願再嘗試任何事。他所掌握的，不外乎是一種無力感。

在愛情上，有這種無力感，其實並不稀奇。比如：

一個又醜又窮的人，想獲得漂亮女性的青睞時，他很可能因無法獲得，而陷入需求不滿中。

的確，任誰陷入這種需求不滿的狀態中，都不會去想如何滿足這種需求。而且需求不滿愈深，消除的比率也愈高。

為了某種理由無法接近異性，而呈現不滿的人，會像隱士般地迴避女性。可是他的性需求必須獲得滿足，所以最後，說不一定他會走上同性戀一途。

※　※　※

當接近反應或逃避反應受到阻礙時，一定會陷入需求不滿中，並提高壓迫感。

在現代社會中，常會有個人或社會的某些需求下，特別是在糾葛中時，常會產生一些不正常的需求與不滿。在糾葛中，處身於目標的魅力相同，而選擇對象相反時，需求一定無法獲得滿足，因為無論朝向哪方都動彈不得。

需求不滿往往都會提高緊張感。結果不是直接攻擊「障礙」，就是以自挫來結束。在這裏順便再提示一下，解決需求不滿和糾葛的方法。

不理性的行為會妨礙問題的解決，也因而產生不正常的行為。

愛情和性都充滿不理性的恐懼和不安。如果只是因某種動機，而產生需求不滿（即長期地持續下去），那麼想滿足它的努力，也會消失。又如那種需求不滿不但長期的持續，而且它的範圍也相當廣泛，那麼，他就會被「什麼都不想做」的無力感所俘虜。

婚姻與愛

愛，發展到最後就是攜手走進禮堂。但婚後，可能會產生許多意想不到的問題。

「夫妻的情絲」是形容夫妻間，好像用一條無形的繩子，緊緊的繫在一起，一刻也不會分開。這種約定，就是一種保證。婚後，不但有安全感，而且疑慮一掃而空，內心充滿甜蜜的感覺。但事實上，結婚不像表面上那麼輕鬆，因為為了共築甜蜜的愛巢，雙方必須為了適應對方，而改變自己。

婚前，愛慕之情會逐漸增強，而變為一種渴念，甚至會有追蹤行為。俗語說「一日不見如隔三秋」，一見不到對方，就不知道自己在做什麼，雖然對方不斷重伸對自己的愛，但是仍然不放心。對對方的情緒變化也會非常敏感、關切，必須發現對方仍深愛自己，不安的心，才會稍微安定下來。

一旦結婚，緊張感自然鬆弛了，追蹤也結束了。因為結婚就表示已經擁有對方，而對已擁有的東西，何必再追蹤呢？換句話說，既然魚已上鉤，就不必再抛下魚餌。

這種想法無可厚非，因為它包含了安心和信任。因為安心、信任並不是一種激烈的行為，所以它和強烈的慾望、熱望，有很大的差距，不似戀愛中的燃燒熱情。

但是，在這種安定的情緒中，也會有一種新的體驗，逐漸產生聯繫的因素，這是在婚後才會產生的。真正的愛情，自會不斷的增強，而一時突發性的盲目愛情，只會停滯在某段時期。

夫妻間會產生的最明顯變化之一，是很容易成為互相攻擊的對象。因為在愛情中，並非每件事都是那麼愉快。通常，許多憤怒的情緒，都無法輕易發洩。

在公司裏遭到上司一頓責罵後，又不敢對上司表示敵意；朋友之間，也難保證翻臉後，不會遭到別人的排擠；對陌生人，更是不敢有攻擊性的行為，唯恐有失身分。不能表明憤怒，會形成一種需求不滿的情緒，轉為一種攻擊性的發洩行為。

積壓了整天的不快，回到家中，見到配偶，就像突然找到了一個發洩的對象，一點點的不順心，就會引發怒吼及粗野的行為。這並不表示對配偶的愛已經消逝了，而是唯有在家中，才能暢懷發洩，而配偶又是自己的擁有者。一頓責罵後，心中雖然痛快了許多，卻也讓配偶承受了你的不快。

事實上，這種情形並不多見。但是，一旦發生就會刺激配偶的反應，使他用同樣的態度對你。當然，如果雙方中有一人，能冷靜地忍下來，事情可能會化小，只是憤怒中的人，只會破口大罵，根本無法顧及是否刺傷心愛人的心。

於是，原來可以解決的問題，就一發不可收拾。但是，這種爭吵並不是正常的感情表現，只是一種情緒轉移罷了！

因此，需求不滿或憤怒、煩躁時，應設法以別的方式發洩，一味地攻擊配偶，十分不智。

婚姻是否只能依這種方式維持下去？這個問題很難有明確的答案，這必須視個案而做判斷。如果夫妻都能以同情的態度，泰然地接受這種憤怒的轉移，自會減輕對方的不滿及緊張。

同時，雙方都不必不滿或不平，因為對方憤怒的對象，並不是自己，何不聽其自然呢？抱持這種心理，自然能心平氣和地聆聽對方的怨言，任由他痛痛快快的發洩。

由發洩中，可以更了解對方，替雙方勾畫出更適當的行為。如果憤怒能以較正常的行為發洩，而不致用暴力時，應該給對方一種適當的安慰。但是，如果對方的憤怒發洩得十分不當，也不必作代罪的羔羊，因為這種發洩並不適當，而且難保不助長對方這種壞習慣。

諸如這種陷阱，夫妻必須將婚姻中的障礙，改為加深愛情的助力才理想。

戀愛時，由於雙方不能完全信賴的不安感，往往會抑制了自我，以配合對方。此種壓抑會產生一種有用或反而是妨礙的作用。對雙方，這種正、負面的影響力，一定存在著。

而婚後，這種分裂感，會愈強烈，完全無法抑制。

婚前，由於想要討好對方，所以會對他千依百順。一旦結婚後，有了社會上明定的這層束縛，責任感會逐漸消退。萬一有一方想再證明自己的價值或魅力，就會產生外遇問題。

婚前由於對方尚不屬於自己，所以在追求過程中，充滿刺激感，如果共步「地毯的那一端」後，對方忽視婚約，而有越軌的行為，當然會造成離婚，而重譜二度婚姻，甚至三度、四度……。

當然，這是極端的例子，很少在現實中出現。但是，這種潛在的危險，和個人的自尊心及安全感有關。最好的預防方法，是重新確認自己的價值，或許會因而破壞許多有關的舊有關係，但也從中獲得自我再認識的機會。

另一方面，在婚姻生活中，配偶若能用積極的態度，誠意的評估，讓對方覺得自己是理想的配偶，那麼這個婚姻生活，就不容易被破壞了。

而且對對方的苦悶要特別敏感，使對方確定，自己願意分擔他的苦悶。這種努力可以增進雙方的關係。

戀愛是一件最快樂的事。熱戀中的情侶，為了維持這份美妙的感覺，會安排各種休閒活動、月下談情說愛，漫步夜燈下……不會將生活中的苦惱扯進話題裏。約會不但是一種美的經驗，也是一種逃避。

世間的事，常不如人意。除了維持生計、遵循各項法律和習俗外，又得避免和親密的人爭吵。事實上，許多雜事會妨礙人們的生趣。而夫妻之間，除了分享快樂外，還要分擔不愉快的情緒，因為配偶已非婚前那種單純的約會對象。所以，蜜月結束後，就得在短時間內，準備應付未來生活中的各種難題。

開始共同生活後，無可避免，會有一種破壞婚姻生活的潛在變化。專家研究指出：他人對自己的評價，如果從很低升為很高，心裏會十分驚喜，好像得了好報償一般，比那些從頭就得到好評價的人，更感到欣慰。

但是，起初有高評價，又突然被降低的人，會感到特別不快和受傷害。如能了解一般心理，就會對別人的低評價安然自若。如果有這種想法，即使獲得高評價，也不會特別興奮。

上述的事實，適用於夫妻之間。夫妻如能相敬如賓，培養深度的親近感，即使稍有疏遠也會立刻以稱讚的方式，加強雙方的聯繫，或更增進彼此的感情。

婚後十年，如果丈夫再讚美妻子，妻子可能不大感興趣，因為她知道，丈夫早已肯定自己的容貌，傾慕自己的魅力。

反而是陌生人向妻子阿諛、奉承幾句，更能使妻子暈陶陶。對她而言，這是外界的讚美。如果丈夫明明欣賞妻子的魅力，也十分愛她，卻故意說：「妳實在是個乏味的女人！」千萬得記住，言者無心，聽者有意，丈夫實在應該說，她愈來愈有魅力。

如果夫妻間長期保持冷漠，也不讚美對方時，外界的恭維，很可能成為新的戀愛對象。這種情形，已踰越了社會道德，完全受配偶的表達力所影響。

如果對方已獲得高評價，善加利用，就能使這份評價更提高，這種感覺特別奇妙。尤其是交往之初，完全沒有雙方的資訊，做起來特別容易。隨時記得褒獎對方幾句，即使是謊言，也是一片善意。

只是這種小欺騙，必須對方可以接受，而且是特別親密的人——可能成為日後的配偶。在這種美言下，對方會更喜歡你，對你的評價自會提高。

平時不苟言笑的人，如能充分運用讚美的話，也會使大部分的人，大吃一驚！尤其會使對方感到，你隱藏的另一面，居然如此可愛。

如果夫妻間能長期保持和諧，許多大摩擦自然減少。即使遇到某種致命的困擾，也不致走上離婚之途。

即使是強迫性的婚姻，如古代的媒妁之言，也有白首偕老的例子。至少它能減輕人生中不愉快事件的刺激及影響。此外，兩入愈了解，愈易增進溝通而相互扶持。

不管是好的狀況，或不很好的狀況（如強迫性的婚姻），大都能獲得幸福美滿的婚姻生活，因為良好的溝通，會增進婚姻的穩定性及需求。

既因期盼而結婚，在現實生活中，即使有不滿和犧牲，也要和配偶共享苦樂。這是很重要的課題。因為「玫瑰雖美，一定多刺」，挫折是難免的。也許在生活歷練中，一次又一次的打擊，是最好的經驗。

如果事先知道人生多崎嶇，自然會更珍惜配偶的感情。在患難中相扶持；在病痛時相照料；在煩憂時，彼此安慰；尤其在日常生活中，尋找共同的樂事。

千萬不可使婚姻生活成為婚前約會的延續。如果這樣，就無法抱著吃苦的態度，來面對人生的各種難題。保持容貌的妍麗雖然很重要。但柴、米、油、鹽也十分必需。因此，並不是所有的夫妻都能在婚後以成熟的心態相處，共同避開人生的陷阱。造成夫妻離婚的原因很多，也不只是心態的差異而已。

性愛與結婚

婚後的性愛和婚前的性愛意義不同。

在婚姻生活中，性愛比較可能獲得回報。如果婚前已充分享受性關係，婚後反而不易適應。因為性行為受到法律承認後，反因不能適應外在環境的改變，而使性生活惡化。為什麼會有這種轉變？為什麼無法輕鬆地表達自己的熱情呢？這就得研究性關係的特徵。

性刺激會引起人們的性需求。隨著年齡的增長，在哪種狀況下，會引起性需求？如何滿足？以前是溫和的性刺激，如果強化它，就會有實際的性行為。

學習性生活的過程，就如同學習一般事物一樣，必須一部分、一部分地強化後，才能消除其抵抗力。

例如，敏弘和淑媛習慣於每週一晚上十一點半，在同一臥室，同一張床上做愛。敏弘只要看到常用的床和淑媛，一到十一點二十九分時，他就會非常亢奮。但是，除了這段時間外，在其他場合，就無法產生性的期待和刺激，甚至無法勃起。

如果對淑媛的性需求，只侷限在一定的時間和場所，會使敏弘的性反應固定化。若是不堅持一定的習慣，在狹小的空間裡，只要淑媛發出性愛的訊息，一定會刺激敏弘的性需求。

一個對性行為的習慣十分堅持的人，一旦厭倦了千篇一律的習慣後，就可能期盼一段羅曼蒂克的風流韻事，容易對別人動情。為什麼婚後的性生活，會很快失去新鮮感，令人想向外發展呢?這是因為生活的步調太安定了。

人生其實是十分單調的，如果不想更上一層樓，也不會為旦夕禍福煩憂，起床後就漱洗、吃飯、工作或接待朋友、散步。這種日復一日的單調生活，實在令人生厭。

對敏弘來說，性刺激就是新聞報導結束後，這幢房子、臥房及那張床，和淑媛相結合而引起的。他們之間，不管是單獨一人，或兩人同在，如在固定的時間和場合外，就不易產生性刺激和性興奮。再以他們婚前的性行為和現在做一個比較。

淑媛和敏弘未滿二十歲，就陷入熱戀中，這件事被雙方父母發現了，開始對他們施加壓力，並禁止兩人交往，因此，他們無法在舒適的地點約會。幸而敏弘有汽車，雖然無法找到安全的停車場，但也暫時可權充約會場所了。

雖然找到了秘密約會的地方，但是在車內做愛，會受四周環境的干擾，帶來不安、恐懼，使雙方的性需求無法完全獲得滿足。

由於兩個人很容易引起性興奮，進而產生性動機，因此，他們的約會總是充滿挑戰和羅曼蒂克。在大都時間裡，他們積極地找尋適當的做愛場所和做愛技巧。雖然性行為大都得草草結束，但是，他們卻從中獲得無比的幸福感。

長此下去，因為他們善於利用各種場所和時間做愛，所以非常亢奮。在人生中，性行為確實有趣。如果有心愛的對象，在性方面，比較容易亢奮和滿足，因為對方可以輕易挑逗起自己的性需求。

要學習活用事物的原理。發生了第一次強化性的性行為後，就會留下一種唯一的線索——把對方放在心中。因此，對對方就容易產生性慾，進而變成性刺激。而且這種心理很難捉摸和消除。

但敏弘和淑媛結婚後情況就改變了。現在他們無需再為尋覓「愛的小巢」而緊張，甚至時間也十分自由。連房子、臥室及床都可以自由使用，確實方便了許多。但是，以往那種性興奮，也隨之逐漸消失。

隨著日常生活的規律化，對性的需求也逐漸減弱。現在敏弘甚至可以區別早上的淑媛和晚上的淑媛有何不同。

淑媛在早上時，大都缺乏性魅力，反倒是床或臥室的陳設才是刺激性興奮的要素。如果淑媛不在富有情調的地方，敏弘絲毫興不起性慾。

婚前的性關係，因富於變化，而且無固定性，所以充滿刺激。但在婚後，這種關係都在特定的範圍內，無形中就失去新鮮感。

事實上，結婚應可促進性愛，即使個性不同，差異極大，如能充分學習，就能從中享受新的性愛生活。

預防倦怠

前面所提的，夫妻間的熱情會逐漸失去，並不稀奇。由於婚前就抱持「性愛是件骯髒事」，因此，夫妻的性行為不但會侷限在狹隘的範圍內，並且會引起不安及罪惡感。這種罪惡感會影響性行為的和諧，而無法維持戀愛中的親密關係。

婚姻生活中的性生活，是很重要的一環。如何消除這種罪惡感呢？可經由學習而消除，因為性生活不但可以得到很大的報償，而且能增進夫妻的感情，所以，一定要設法消除這種罪惡感。

首先，對時間、場所、方法……等影響性氣氛的要素，設法改變。由一成不變的規律化，改為客觀性、隨心所欲的外在環境。如此，可重新喚起性興趣，並藉此種新鮮感取代罪惡感。

再舉敏弘與淑媛為例。他們都加入了「休閒秘密俱樂部」，成為正式會員。俱樂部教他們治療這種倦怠感的良方是，先破壞日常的規律性。

俱樂部建議敏弘，星期二回家前買一瓶芳香四溢的葡萄美酒，一束嬌豔欲滴的玫瑰花。雖然淑媛並未發現丈夫刻意的安排，但是，當她嘗了幾口葡萄酒後，就開始心神蕩漾了，再加上敏弘把手伸到她的裙下，就如同他們同床時常做的一樣。這種愛撫，會引起淑媛強烈的反應。

結果，馬鈴薯煮得過爛，晚餐早已引不起他們的興趣了。這次的晚餐時間，就由做愛來取代。

鎖上大門，身上穿著單薄而性感的衣服。在客廳沙潑上做愛，雖然不比在臥室的床上舒服，但至少和平時的單調情形不同，也別有一番情趣。經過了葡萄酒的刺激，及特別的行為後，那天晚上的新聞報導也不如從前那麼重要。特別是當天下午的六點半，那段愛的時光，才真是印象深刻。而且沙潑上並不是不高尚的做愛場所。

對淑媛也許還無法完全確定，但對敏弘來說，性行為已不一定要先吃晚餐，或看完電視、錄影光碟後才能進行。

這種改變很難確定是不是好的改變，但至少算是一種富於變化的起點，同時，也學會將性行為信號化，在充滿刺激和羅曼蒂克的氣氛中，互相改變態度。

吃早餐時，讓更營養的「熱情」代替三明治；突然跑回家陪妻子吃午餐，並到兩人所喜愛的汽車旅館去。在旅館的二樓房間內，以各種技巧來表達，快速燃燒起的感情，使這種興奮、高昂的情緒獲得圓滿的解決。

因為對配偶要維持這種性愛的期待，必須儘量使時間、場所充滿變化，並且嘗試各種技巧，才能帶來新效果。由於對方的變化，會給性行為帶來刺激，是眾所周知的心理學原理，所以，要想辦法培養這種效果。

和配偶培養的習慣如果已固定化，就很難做彈性的改變。應該學著改善。如果習慣已略有改變，以後無需特別的考慮，就能做出反射性的動作，不會墨守成規。

雖然婚姻生活中充滿陷阱，但在社會中，結婚的人比不結婚的人不但長壽，情緒穩定，而且適應力也比較好。

不能充分適應社會的人，不易找到對象，而且結婚後也不一定能得到上述的好處。

但是，可以肯定的是，結過婚的人，適應力比較強。而且因為他對結婚較感興趣，所以容易選擇結婚。總之，結婚是適應傳統，而且兩個人一起生活，可以互相照顧、扶持。

比如，丈夫突然身體不適，就不必依賴社會性機構的照料，可讓妻子仔細的護理。

就這點，夫婦都表示，住院接受醫療的機會比單身時少得多。

因為夫妻可以分工合作，處理事情的效率比較高。因此，對理想的婚姻來說，兩個人經常可以有效的幫助對方。

維持一個平常的婚姻已不容易，更何況是一個有效的幸福婚姻？大部分的婚姻都漸漸陷入不幸的泥沼中。如何判斷好婚姻？維持一個幸福的婚姻，都得靠運氣嗎？

婚姻專家認為，喜歡和愛是兩回事。雖然這兩個要素對未來的婚姻，都不可或缺，但是，由各種實例中證明「愛」較重要。喜歡，就是對喜愛者給予稱讚，並強化兩人的關係。而愛，是兩人經由共有的可喜經驗的累積，相互的強化。

也許，夫妻間容易因個性上的小差異而相互吸引，這種「互補性」的吸引，並沒有明確的證據，可證明會成為兩人發展親密關係的必要基礎。因此，夫妻雙方若能對本身的任務感興趣，這種個別的經驗，就能相互滿足。

從年齡、教育水準、收入……等方面考慮，一個婚姻是否會因上述各條件的巨大差異，而導致不美滿的結果，實在很難答覆。但是，這些要素的確會互相影響。首先，先看年齡問題：

理想婚姻的思慮

【年齡】

如果請你為婚姻是否美滿下一個定義，那麼，想像也許較容易，要實地測定就非常不容易。尤其是表面上，更是虛虛實實，叫人摸不著真相。

即使以是否離婚來測定，也不能判定婚姻是否美滿。如以宗教信仰來研究婚姻是否美滿，會發現由於各種教義的差異，而產生各種不同的離婚規定，因此，也沒有一個共同的基準點。

此外，收入情形、教育程度等變數，也可能影響婚姻，因此，如果只做單項要素的測定，是不可靠的。即使是婚姻生活中的適應力，也會受到其他因素的影響。第三者的判斷，可能只見皮毛，無法一針見血，自然失去可信度。

對婚姻生活的測定，不但容易失去可信度，而且也摻雜了一些複雜的因素，因此目前的結論都是試論，缺乏可靠的實驗性。

雖然有各種困難，但有一點是可以肯定的，那就是早婚不易持續及美滿。其中，尤以丈夫的年齡特別重要。專家的說法，十八歲以前結婚的男性，比二十二到二十四歲結婚的男性，離婚率幾乎高三倍。

由於早婚的男性尚未成熟，不但缺乏穩定性，適應力也不夠，而且對教育、職業的要求也較低，因此，無法周全考慮結婚可能帶來的危險性。對自己感興趣的每個女性，反應也太多。所以，一對早婚的夫妻，處事經驗不足，困擾一定比其他夫妻多，想一起分享有意義的人生生活，談何容易。

二十歲以下的人，很少將自己的生活固定化。無疑地，十七歲和二十五歲的情緒變化差距很大。尤其在目前瞬息萬變的社會裡，各種壓力對男性的影響特別大。

這種社會壓力，使剛踏出校門的男性，為了適應而做調整，這種生活方式和學生生活迥然不同。因此，同樣一件事，對不同年齡的人的重要性當然不同，而且觀點也會隨年紀的增長而改變。

年齡帶來了變化。對結婚對象的要求，自會隨年齡而產生差異。

女性的情況和男性稍有不同，婚姻生活帶來的改變，女性比男性更需要適應。女性一旦由單純的學生，轉變為有夫之婦，或由職業婦女變為家庭主婦，雖然保有了部分自我，但由於文化背景的關係，很難長久保有。社會要求為妻者必須完全為家庭付出。

因此，對下列的研究結果，不必過於訝異。那就是婚姻生活能否美滿，並不受妻子年齡（或教育程度、交友情形、職業……）的影響。妻子的教育程度、職業、個性，都為女性提供了測驗適應力的機會。

成婚太早，確實會在日後產生困擾，但是，這並不表示儘量拖延結婚年齡，就一定能獲得美滿的婚姻。兩者的年齡，應找出一個適婚年齡。除非年齡太小或太大，否則不會有困難。

幾歲才是適婚年齡？因人而異。

要求自己的經濟和性格都穩定後才結婚，不失為一個負責的好想法，但是，生活習慣一旦固定後，就很難再配合對方共度新生活。並且如果承認自己已是成年人，就應懂得如何滿足自己的需求。單身幾年後，生活習慣不但早已固定化，並會學習各種自給自足的生活方式。

結婚會破壞單身生活的規律。生理上的慾求，或情緒上的變化，也無法馬上使配偶滿意，如果一直未調整，就會造成難以收拾的後果。

問題的關鍵在要步上結婚之途時，必須仔細考慮將來的生活方式，並在這種生活方式尚未定型前結婚。相對的，婚前的準備期愈長，結婚得愈慢。

婚姻美滿的人認為，適婚年齡，大約是二十五歲左右，而在職者，最好再大兩、三歲。這是理論，事實上還是視情況而定。

【地位】

所謂地位指的是職業、收入和教育程度。這三變數不但有明顯的相關性，並且對結婚生活有很大的影響力。試以其中一項做說明。

在此高度發展的社會，經濟地位和婚姻生活的適應力、結婚時間的長短成正比。也許你會感到費解，因為你們可以馬上舉出反駁的例子。而且有愈來愈流行的趨勢，那就是有錢的闊老闆，會像跳方塊舞一般，不斷換伴侶。而那些既沒錢又沒地位的人，沒有足夠的財力做後盾，即使偶爾想花心一下，也得偷偷摸摸地，等回到現實社會中時，又得重新面對經濟地位和婚姻生活的難題。

這種現象並不罕見。在我們的社會中，到處可見丈夫的經濟能力，對家庭生活有絕對的影響力。而且經濟地位高，人生也會變得更有意義——如果不是這樣，那一切的政治、經濟制度，豈不是騙人的嗎?追求名、利又有何意義呢?

雙方共有的人生體驗，會使兩人更親近。雙方的適應力是因為地位的高低而產生差異？或由於良好的適應力，促使地位高升？這個問題很難有令人滿意的答覆。只是地位和幸福、持續的婚姻，關係密切。

【其他因素】

前面曾強調，互相強化才能使雙方關係持久。更重要的是，雙方的觀念和成長環境要相近。尤其是成長環境，影響婚姻甚巨。

人種、經濟和閱歷不同的人結婚，雖然不一定會不美滿，但這些條件的差異，確實會影響婚姻。通常，我們都帶著憧憬步入婚姻生活，如果這些條件相同，較易於強化婚姻生活。而成長環境不同，無法像成長環境相近的夫妻一樣，迅速的滿足彼此的期待及需求，也不易有共同的活動，享受婚姻生活的樂趣。

根據一項研究指出，男性的成長背景，是婚姻生活的一重要因素。如果丈夫的童年幸福，他和父親的價值較相同；而且他的男性角色愈穩定，婚姻愈幸福。

如果妻子信任丈夫，能達成丈夫的各種期待，婚姻就會臻於理想。而且在幸福婚姻下的婦女，因承認丈夫的支配權，所以她的作為將符合社會的要求——重視男性。

婚後，需要調適的是妻子。基於這點，有了以下的研究報告：

報告中指出，在幸福的婚姻生活中，妻子的性情，會逐漸和丈夫一致，而不理想的婚姻中，丈夫和妻子的性情會朝不同的方向發展。在社會傳統裡，為了生活而必須做調適的通常是妻子。

如果發現丈夫不似心目中所期待的，而要強迫他改變，不會有好效果。在婚姻生活中，若有一位熱衷於改變丈夫的妻子，不容易有圓滿的婚姻生活。

夫妻間的責任

婚後夫妻間一定會有爭吵。在婚姻生活中，爭吵必須圓滿解決，否則會破壞婚姻生活。溝通是一個很好的解決方法，尤其是對需求不滿，更是不可或缺的法寶。

無法避免的爭吵說明了婚姻和人生所代表的不同意義。

雖然研究成果並不豐碩，卻可肯定這點——堅信夫妻若能以溝通的方式（是一種和緩而必須的行為）面對爭吵，比某些故意忽視爭吵的夫妻，更易解決爭吵。因為誠意的交談遠勝於彼此咆哮或抱怨。

想完全操縱對方，是一個愚蠢的想法，因為攻擊、敵對，並未因而消失，同時，帶來隨之而起的不安和逃避。盡可能避免提及敏感話題，因為這樣不但使夫妻關係疏遠，而且永遠無法解決爭吵。如果這種僵局持續下去，就會漸漸失去愛情，破壞婚姻生活。

【子女】

按傳統，結婚的最大目的是為了傳宗接代。俗云「不孝有三，無後為大。」姑且不論結婚是不是維繫這種社會制度的最佳方式，我們要談的是，子女如何影響夫妻關係。

對父母而言，子女是一種自我延續，具有生物性的作用和安定社會的意義。或許那只是性行為的一個意外，原本不想積極負責，但想起將有個接棒者也逐漸釋懷。

人類有生小孩及栽培小孩的需求是有根據的。這種社會角色的學習，可能開始於嬰兒期之後。大部分的夫妻，都想擁有自己的子女，是很自然的事，這種想法早被社會接受。

另外，有的夫妻以子女來強化彼此的關係。子女會愛自己的父母，父母也會愛自己的子女，這種天性使兩代都能獲得滿足。而且子女經常給父母帶來榮耀和喜悅。

從子女中，父母可明顯地看出同心協力的成果。而且每對父母都認為自己的子女最好，是自己辛苦的最佳報酬。對子女的撫育無形中會增進夫妻的感情。只是此種互相充實的效果，有賴於平時夫妻間的親密度和關係的好壞。

夫妻關係不和諧的人，無法像夫妻關係和諧的人一樣，無私的愛護子女。對子女的不斷批評，會減少喜悅的事，以致無法充分享受養育子女的快樂，這是非常不幸的。這種父母，不但未盡到為人父母的責任，也失去做父母的潛能。

為了養兒育女，必須負的重大義務和責任，無疑的是件非常厭煩的「工作」。子女不但增加了經濟負擔，也剝奪了父母追求快樂的機會。對無法互相充實，或不協調的夫妻，為人父母所生的苦惱，無異是一種懲罰，或引起失和的原因。對原本就有隔閡的夫妻，會因為生了子女而使關係更惡化，因為子女加重了各方面的負擔。這時，婚姻關係可能更惡劣。

一項調查指出，左右夫妻生活的，不是子女性別、出生間隔年數，而是子女數是否和夫妻共同期待的一致。

在父母期盼外而來的子女，通常很難討父母的歡心。如果遇到不明理的父母，甚至一生都得籠罩在不得寵的陰影中。因此，很少婚姻已瀕臨破碎的，會因新生的子女而破鏡重圓，因為這名子女一定是意外的結晶。

子女的誕生，是一件複雜的事。子女可說是夫妻愛的結晶，是上天慷慨賜與的。對父母來說，這是一個更新、更豐富的人生體驗，可從中獲得喜悅，並分享夫妻和新生兒間的天倫之樂。另一方面，也可能造成悲劇，因為子女帶來的各種難題，有時會讓父母因養育問題而發生衝突。

一個順利、和諧的婚姻，比較能承受因子女而起的衝突，而且也會因子女而更形親近、美滿。在這種情況下，子女是一帖可愛的催化劑。但是，不和諧的婚姻不可能因子女而改變，因「冰凍三尺，非一日之寒」。

【不貞】

性出軌，在婚姻生活裏屢見不鮮。因性病而求醫的夫妻，數目已增加許多。得了性病的男女，通常不願被別人知道，也隱瞞自己的配偶，事實上，這種隱疾已相當普遍。因不貞而引起的危險，眾所周知，不必贅述。在此，只做一個簡潔的說明。

不貞通常都表示不誠實。不誠實就是一種欺騙，不想讓配偶知道，自己和其他人有性行為。這種欺騙很難避免，許多人在一場逢場作戲的浪漫後，都很怕被配偶知道。

在社會習慣裏，一旦發生親密關係後，就想獨佔對方，所以在外拈花惹草，一定會威脅到婚姻關係的和諧。

某方有了不貞行為，卻裝成若無其事，或小心提防的態度，美其名是為了怕配偶知道真相而傷心，其實未必不是為了保護自己。這時他們的愛，必受這次意外事件影響。

許多不貞行為，不但會帶給婚姻莫大的威脅，而且和第三者的關係，會與日俱增。理由在前面提過，對配偶外的異性追求，既能證明自己的魅力，又能享受許多刺激。

不貞所帶來的後果，也有有利的一面。一對感情融洽，深愛對方的夫妻，偶然的出軌，可能會更加強婚姻關係。因為不論是哪種人，絕不可能將配偶視為唯一的對象，生活中不免發生一些摩擦，此種困擾若能藉突發的婚外關係來紓解，不但會鬆弛身心，而且會帶來不同的性刺激。

隨著時光的消逝，慢慢的婚姻生活使人失去性的興趣，不再認為配偶是具有性吸引力。這時，若藉著一段小小的羅曼蒂克，讓自己驚覺配偶的性魅力，真要感激外在的提醒。前面提過，對已上鉤的魚如果不再給餌，就會亮起紅燈。

想藉不貞以獲得興奮的慾求愈高，就會愈覺得配偶差勁，破壞雙方的感情。同時，也會因不貞行為而逃避配偶。

總之，夫妻間的性變化，能激起彼此的興奮及刺激。而長久失去的性慾，一旦被喚醒，會學習新的性技巧，久受壓抑的需求，也會重新擴大。

一般的不貞難免伴隨著不誠實，這種情況如果持續下去，可能會對婚姻造成威脅，而以悲劇收場。只要夫妻對婚外的性關係能以智慧處理，就可避免悲劇。同時，應儘量避免因而對配偶產生道德化的憤怒情緒。

※　　※　　※

結婚後，情侶不但步入新的婚姻生活，同時也走進富有潛在危機的性問題。一旦獲得了心儀的對象，熱情自然會逐漸減消，甚至動輒打罵，這都是婚前不可能發生的事。有時也會因情緒的轉移，而將各種憤怒發洩在配偶身上。這種攻擊行為，的確是件麻煩事。但從另一方面來說，夫妻對雙方的需求不滿，會想盡辦法替對方解決，這種行為使夫妻對彼此的關係更熟練。

所謂夫妻，就是在生活中，分攤快樂與痛苦。因為戀愛時，大都是分享快樂，而把不愉快的情緒留給自己。但在婚後，夫妻坦誠相待，會有更好的辦法解決棘手的問題。畢竟兩個臭皮匠也可勝過一個諸葛亮。這對增進夫妻關係，有積極的貢獻。

時時褒獎對方，可以強化彼此的關係。

年齡是確定婚姻能否美滿的重要因素之一。對大部分的人來說，二十五歲是適婚年齡。此外，丈夫的個性、家庭背景與經濟地位，也會影響婚姻。在新的婚姻生活中，妻子要對婚姻做適當的調整及努力。

被配偶外的人吸引，容易產生危險性的欺騙行為，而造成婚姻的悲劇。但是，它也有有利的一面，那就是會減輕生活的壓力，預防婚姻的倦怠感。但如果想利用外界的刺激來換取新鮮感，對婚姻而言，是具有危險性的。

子女可以改善夫妻間的感情，也會破壞夫妻間的感情。往好的一面看，子女會帶給父母一個共同的目標，因為子女是一座橋樑，是父母愛的結晶；壞的一面是，如果夫妻關係已瀕臨崩潰，這種潛伏的危險性，會因子女的誕生而導致更嚴重的爭吵。由於增加經濟上的負擔和養育上的麻煩，只會使夫妻關係更形惡化。

若是為了想使失和的婚姻重新修好，而生下子女，於事無補；或在完全沒有心理準備的情況下生產，也不是一件聰明事。

愛情的變化

萬物都會隨著時間而改變，愛情也不例外。情侶間的需求常一致，即使不是完全相同，也會為了想讓對方高興而做某種程度的讓步。但是，這種讓步不可能永遠不變，隨著婚姻，許多行為將會產生變化。這種轉變反而會使夫妻關係更穩固。

必須提醒的一點是，如果夫妻各自為政，不配合對方，兩人的愛情會漸漸褪色。為了種種原因，原本濃烈的愛情會走樣，而以悲劇落幕。這種情況不能單以離婚數字作判斷，因為有許多愛情，並沒有婚姻的形式。

就以離婚率年年增高來說，其原因大概是社會型態已變遷，保守的傳統觀念逐漸改變，不理想的婚姻，可以有重獲自由的機會。

除了離婚率，令人悚目驚心外，還有一種不經法律判決，而經由雙方同意，一方付另一方贍養費的「非正式離婚」，也在逐漸增加中。

並且結婚後，過著分居生活的夫妻，也不在少數，而這種分居行為，大都不是因職業或兵役上的不得已情勢所造成的。

一般的離婚原因，可能緣於結婚過早——可能是一種一時性的盲目衝動。一般的離婚年數，大約是七・二年，但是，最頻繁的高峰期，卻在第三年。尤其是沒有深厚的愛做基礎，只是因一時的衝動而促成的婚姻，特別明顯。

但是，也有很早就失去愛情的夫妻，依然攜手共同生活。其實，這是一個很嚴重的問題。因為夫妻間不再有愛情滋潤，共識會消失。這種問題相當普遍，必須特別說明一下。

我們會成長、學習，因此婚姻有問題時，不同階段會有不同處理方式，要時時留意環境的改變，培養解決問題的能力。

當我們自己或朋友二十五歲時，會視二十歲年輕人，一派悠哉、散漫的行為是沒有責任感。尤其是有家室的人，更對他起反感，可是，年齡對能力以及嗜好的確有影響力。

感情若以相互強化的行為做基礎，定型後，任何外力都難以破壞。對愛情的暫時消失，會馬上產生抵抗力加以挽救。但是，如果愛情需要長時間的強化，很可能會使人失去耐性，而放棄追求。尤其是本質上缺乏強大的刺激時，就能斷定這對夫妻並不相愛。

何種是行為的變化？何種是動機的變化？很難區分。因為這種區分都是十分主觀的看法，但是，動機和行為有密切關係。

為了便於了解，我們稍做說明。自己的行為，會因對方愛的反應而做改變或按自己的需求愛對方，都是行為受動機控制的例子。

前面談過婚姻的問題和婚姻對夫妻的影響，並且提過，結婚是為了獲得安全感。如果在每天的共同生活中，早已充塞這種安全感，夫妻間就不會像戀愛中一樣，殷勤地對待對方，甚至連歡樂的時光，也由於婚姻關係而受限制。

如果夫妻中的任一方，突然受到親人死亡的打擊，或經歷了經濟的危機，夫妻關係會因共同的不幸遭遇而更形親密。

但是，每天都忙於為生計而奔波的夫妻，一定會急於仳離。例如，美國的有色人種的離婚率大約是白人的三倍。這個調查結果十分有趣。這是因為有色人種受到白人的歧視，在生存惡劣的環境中掙扎，無法使夫妻關係順利進展。俗云「貧賤夫妻百事哀」，一點也不假。這種夫妻，一碰面只會互相責備，怎能創造和諧的婚姻。

此外，年齡的增長也會改變人的行為，並影響婚姻。舉個明顯的實例：被職業棒球選手的勇敢及名氣所吸引的女性，一旦和他結婚，這種好印象不可能維持到中年；娶了台灣妙齡小姐的男性，很快就會發現，妻子的年輕貌美是多麼的短暫和不可靠。除外，還有其他的變數。

但是，對剛結為夫婦的年輕人來說，尚能保持年輕人特有的活潑、輕鬆。從青春期到青年期，一般都會共同的以活潑的態度，尋求處世的經驗。

我們會常想，自己最喜歡的是什麼？最拿手的是什麼？什麼事尚需加強？對這些問題，我們會去蒐集各種資料，以確定自己該採取何種行動，以傾力發揮所長，並確立自己的人生目標。如果滿足於固定的某種型態，即使不斷的成長，範圍也有限。

同時，還會有其他事，改變夫妻的關係。夫妻因為角色的分化，使許多的人從青年步入壯年後，對事業產生強烈的責任感，於是在工作崗位上，投入更多的時間及精力。由於經濟上的負擔，生活也發生變化。譬如在郊外擁有別墅，比在簡陋公寓內生活的花費更大，又養育兒女比飼養寵物要麻煩多了。

日子一久，會發現單是家中的裝飾品，就花不少錢。對維持家計的工作更是費力，犧牲了許多的休閒時間。想一面推著割草機，一面和配偶談情說愛，是不可能的；或想一面換尿布、控制洗衣機開關，一面欣賞音樂的表演，也是天方夜譚。

由於懶得出門，就以電視節目取代音樂會、看電影。晚上的應酬及度假，都已成歷史陳跡。於是夫妻不再有共同的廣泛樂趣，關愛自然就減低了。

最好將生活中無可避免的瑣事，納入一定的時間內，凡事按計畫完成。這樣就可恢復談情說愛和快樂的活動。

輕鬆和安定，使人感到幸福，但是，最怕被「責任」無情地破壞。生活固定化後，人就和機器人一般，每天重複做著相同的事，不再覺得對方可愛。因此，有計畫的破壞固定的生活型態，愈來愈重要。

如果夫妻想持續愛情，就得對單調的生活步調，加以修正。

前面已經說過，動機的變化和行為的變化，會使人對情人漠不關心，其他的原因可以從其他事件上發現。

需求的變化

為了維持生存，需要食物、水及空氣和適當的刺激、興奮及性生活的滿足。最基本的生存需求，會隨著年歲的增長而減少。過了中年後，食物的需求是減少，但睡眠的需求卻增加。為了滿足種種需求，生理及心理都得做調整。

二十歲前的人，性格尚未分化。每個人在這階段，都不知道自己會朝哪個方向發展——也許會變成工人或外科醫生；也許是大法官，或罪犯，這都是可能的。而其中最需要學習的是社會化的一般技巧。

在這種年齡，不必負擔家計，因此，對將來的生活，大都漠不關心，對家庭只有少許樂趣。

這時他們最熱衷的是，如何獲得父母和同輩的愛。但是，隨著年紀的增長，一個人在不同的年齡，會有不同的想法及作為。

逐漸的，其他動機變得更重要了，一部分會被事業的成功所取代，而年輕時所傾慕的對象，也逐漸褪色。

將為健康問題、經濟問題煩惱，並且工作上及家庭上的責任也漸漸加重。

為了滿足新的社會及家庭的需求，不論男女，在三十歲時所做的事，和二十歲所要做的事，絕對不同。

這種變化會影響夫妻關係。在從事生產期間，男性的活動偏重於家庭外的範圍，女性則可能因家務事或照顧子女，而逐漸降低對丈夫的關心。

這麼一來，夫妻的親密度會變得稀薄。通常隨著兩人的成熟、變化，彼此很難在各方面相互滿足。

隨著生活方式的改變，及個人的經歷和學習，會意外的改變動機。譬如，原本很新潮的人，會由於父母的薰陶而變得保守。或原本是國民黨員，受到同輩的影響，變成無黨無派者。內向的人，突然對社交活動感到興趣，外向的人突然發現在寧靜生活中，自有樂趣的一面。

如果，夫妻無法在人生歷程中一起成長，一定會發現，能分享的事，一天比一天減少。換言之，也就是不再那麼需要對方了。

究竟有多少人因上述的理由而仳離？它對離婚、分居的影響有多大？很難肯定。但是，它確實是離婚的最大原因。

人會隨著年齡而改變，而且人人都會老，因此，一對夫妻並不一定是個別成長，也可能朝著同一方向變化。如果夫妻一同學習，接受變化，即使是大摩擦，也會盡力強化彼此的適應力。

愛情是一種投資，經過時間及努力，會漸漸產生溫暖及愛的價值。因此，要審慎而努力的從事這項投資。

婚姻的好壞，自有不同的特徵。所謂美滿的婚姻，是夫妻倆一同成長及變化（尤其是妻子受丈夫同化）。壞的婚姻，是兩人個別成長及變化。

魅力的變化

戀愛中的男女，大都很早就認識了，並且以面貌作為最初的魅力象徵。年輕（特別是女性）就是一種魅力。

但是，年紀增長後，只有皺紋增添一分威嚴。在電視或電影中的中年美女，可能為了追求性愛而追求男性；也有人為了企求金錢而追求寡婦。

從來沒聽過，中年婦女會比年輕小姐更具魅力的，因為年齡會奪去魅力，這是無情的事實。

男性和女性一樣會衰老，但是，很明顯的女性較易老。四十五歲的男性，看起來比四十五歲的女性年輕、溫柔、老練及穩重。

由於魅力會隨年齡而降低，因此，對雙方的需求也降低了。一位男性娶了一位非常年輕的女性，看來生活十分幸福，事實上，他是在炫耀妻子的魅力。

成熟，常會成為男性的優點，但對女性而言，不但是個障礙，甚至是一件極諷刺的事。從生物學的觀點看，女性的平均壽命比男性長（以二〇〇七年台灣總計為例，男性七五・一歲，女性八一・九歲），也較難以達到性的顛峰。

更年期前的女性，所分泌的女性荷爾蒙（雌激素 estrogen），不但可以防止心臟和血管硬化，也能防止因年齡增長所引起的身體衰微。

但事實上，男性看起來反而比女性年輕，真令人費解。

和很多事情一樣，我們也受傳統的影響。傳統上，男性必須負起家庭的經濟大任，而且在婚前，必須先獲得社會地位及名聲，因此準備期特別長。

而女性的適婚期，通常都是指生理上的成熟期，因此，和男性的差距極大。

通常，一對夫妻男性的年齡，大都比女性大。同時，男性在經濟、社會、政治上，都佔較大的優勢，所以，大眾比較看重男性。

各行各業的名人，男性比女性多。這些人到了中年，大都會在大眾媒體——電視、報紙上特別引人注目。事業上的成功，使四十歲左右的名人（以男性居多），看來比常人年輕。

事實上，這些名人受注目的原因是年輕。但女性從傳統的廚房走向社會，即使獲得名氣，也備受批評。因為一位成功的女性，受人注意的是，出色的容貌、窈窕的體態。而創造這種容貌和體態，卻需要一段長時間的訓練。

所以，對年齡問題，必須更深入的考慮。四十歲對女性而言是老年（並非生物學上的老年，而是心理學上的老年）。但四十歲對男性而言，是年輕的（並非生物學上的年輕，而是心理學上的年輕）。

四十歲時，丈夫的性慾會自然的降低，女性卻反而漸漸提高。如果妻子抑制了這種性慾，純粹是生物學上的不協調，但有時也會發生不幸，例如，因紅杏出牆而造成離婚或分居。

離婚與再婚

因為種種原因，夫妻間的愛情變為淡漠，性關係也不再是一種強化的因素。

這時，自會尋覓一片綠油油的牧場。但是，一旦離了婚或再婚，仍會發現這片新牧場，也佈滿了雜草。

離婚必得經過雙方的同意，因此，為離婚打官司比率上較少。

有一個事實，可能連離婚者也不相信，那就是一旦離婚，大都想再婚。不論是哪個年齡層，離過婚的人，比從未結過婚的人其再婚率高出很多。

而且，這種傾向隨著年齡的增加而提高。對女性而言，二十五歲仍沒結婚的人，有八九%會結婚；但是，離過婚的人，卻有九三%會再婚。

對三十歲的人來說，尚未結婚的人，有四八%會結婚；但是，這種年齡的離婚者，卻有九四%會再婚。

到了四十歲，分別變成一六%和六五%的比率。

到四十五歲時，則變成九%和五十%。

這種情形也適用於男性。不論是單身漢、鰥夫或離婚者，結婚或再婚的意願，都比女性稍高。鰥夫的結婚意願比單身漢高，卻比不上離婚者的意願。

有過婚姻的人，如果產生再婚的意願，而且具有吸引對方的能力，會將以前不愉快的結婚經驗拋諸九霄雲外。

不論在哪種年齡層，離婚者比鰥夫、寡婦更容易再婚，而且幾乎都會馬上結婚。這是因為離婚是婚後的再戀愛造成的。妻子或丈夫的驟逝，雖帶給配偶無法抹煞的哀傷，但總比不上經過離婚，放棄了討厭的對象嚴重，所以，鰥寡者也常迅速再婚。

對男女來說，不論哪種婚姻，都會讓雙方經由生活經驗中，體會到婚姻的可貴和重要性。

因此，一旦失去配偶，絕大數的人會馬上再婚，並漸漸發現援助他人或和他人相扶持，可以獲得許多便利；若失去這種親密關係，便有孤獨無依的感覺。

通常，再婚並不是為了要再獲得喜悅感，而是想減少痛苦。很明顯的，對某些人來說，結婚、離婚，會不斷的重複，而形成一種習慣。也就是說，有過離婚經驗的男女，很容易再離婚。

由於未能在婚姻生活中培養出有深度、互補性的愛情，所以，這種人會有離婚癖。

他和能繼續維持婚姻生活的人相比，並非不能在婚姻生活中，創造愛情，而是已經習慣——離婚。

能和不同的對象一起生活，雖然很刺激，但是對大部分人來說，失去長時間培養起來的人際關係，是一份無法彌補的傷害。而且享受不到這種關係所帶來的好處，也是一種損失。

常常離婚的人，浪費了很多寶貴的時間在逃避，使他的黃金歲月，在不知覺中流逝。

一位作家為了研究食物攝取的雙重影響，做了以下的實驗：

在一個小餐廳裏，讓大學生三餐都能吃到營養均衡的食物。起初，這些食物都被認為非常可口。由於兩天換一次菜單，因此，每隔一天就吃到相同的菜式。

受實驗者要評價每道菜式。六天後（同樣的菜出現三次），評價開始降低。到了最後一天——第二十二天時（吃了十一次相同的菜），評價直線下降。在實驗中，可發現剩菜逐漸增加，而脫離實驗的人也愈來愈多。

這個實驗顯示出，像攝取食物的基本行為也會產生選擇及抑制作用。許多心理學者認為，不論哪種行為如果不斷的重複，久而久之也會產生單調感和倦怠感，並且引起迴避。尤其是餐費在大學生的費用中已佔著重要的地位。

對離婚的行為來說，不論前次經驗是多麼美好，或即使不協調，也能漸漸彼此使之轉好，如果不斷重複，久之也會覺得乏味。

譬如在情調極好的餐廳吃牛排；在風景優雅的地方度假，享受快樂的人生，聆聽感人的音樂演奏；有漂亮的女伴陪同游泳……如果一再重複，也會逐漸生厭。

愛情是否也會被單調感破壞？雖然大部分的人都這麼認為，但實際上卻不會發生。因為單調感是正常的現象，一定其來有因。本書特別重視意外的強化。因為它會促成接近行為，並經由各種變化不斷地強化。

但這種強化經驗，很難正確地掌握。前面已提醒讀者，要維持一個幸福的婚姻，必須先克服重複的單調生活。愛情的喪失和要求對方改變，有密切的關係。因為希望所愛的人改變，所以，不再像從前那麼重視對方。但是，仍要再分析一下，愛的喪失是否還有其他重要理由。

起先單調從後門進來，於是愛情就偷偷的從窗戶溜出去。

如果個人缺乏變化，情侶的關係固定化後，愛情就會逐漸遜色。

變化，確實是人生中，重要的刺激基因。雖然維繫愛情的方法不少，但是，利用個人（或經驗性的方法），每天產生新的變化，是本章強調的重點。

即使維持強化關係，也可能失去愛情。但是，這個因素卻不是令夫妻離婚的主因。因為夫妻會離婚或分居，也許是因為沒有真正的愛情，但是，離婚男女的平均年數是七年左右，無論如何，也維持了七年婚姻關係。

人，隨著年齡的增長，對事物的要求和生活方式，都會改變。甚至做事的動機及行為也隨著年齡而更成熟。

但是，夫妻的改變並不一定朝同一方向進行。因此，會減少對對方的刻意要求，連想讓對方喜悅的巧思也逐漸減弱。

這在男性特別明顯。因為丈夫的年齡通常比妻子大，在生理上的需求，大都比妻子多。但隨著年紀增長，男性會比女性衰退得更早。只是傳統上，我們比較重視女性的容貌及身材，因此，這種魅力的衰退特別明顯。

離婚並不會減損結婚所具有的魅力。離婚的人，大約在五年後，會尋覓新的再婚對象。

不斷重複的行為會引起單調感及倦怠感，一定要脫軌一下或嘗試新的表達方式。本書不認為愛情會因變化而減弱。

第五章　愛的類型

父母的愛

本書的主題是男女間羅曼蒂克的愛。世上有各種類型的愛，除了普通的愛、自然的愛外，又包括異常的愛。

除了異性外，尚有許多愛的對象。如開始時所提過的手足之愛、父愛、母愛及對寵物的愛。特別要注意母愛。為了說明愛的各種原理，及比較其異同，可在強化差異的經驗中應證前面已提過的部分。

家族中的愛，可用學習的原理加以說明。在社會的型態中，家族需要由家族所必備的單位構成，價值比其他團體更高（由於遺傳因素、環境因素的影響）。

事實顯示，家族性的愛，經由學習形成。只是除了家族愛外，其他的人際關係也可能超越這種關係。

雖然愛的性質及原理大致相似，但是對子女、父母的愛，也要視情況而做調適，因為人際關係可以影響各種型態的愛。

在探討其他愛的關係時，也準備對愛的結合對象、強化因素，做個別的說明。因為每個不同的愛的對象，所獲得的報酬種類，和它獨特的性質有關。

我們想知道的是，在個別的關係中，如何滿足風格獨特的愛的對象需求。

我們特別強調母愛，對父愛，提到一點點。但是，不管在哪種情況下，父親和母親都被當成愛的對象，而非發出愛的本身。

父親、母親是子女愛的對象。因為這種愛會影響子女將來的人際關係，因此，特別受重視。

在子女尚未學會愛別人之前，子女完全依賴父母，可說是一種單純的愛，尤其是初期。這種愛不能和成人階段的人際關係相提並論。

子女對父母的愛，被稱為「精神官能症的愛」，在幼年期是一種自然的現象，但若持續到成年，就不正常了。

親子關係，乍看之下，就如同雙線道般的關係。父母若被子女視為愛的對象時，怎麼辦？

我們可將這種對父母的愛，視為一種相對性、利己性的愛。因此，現在的問題是，子女會以什麼方法來強化和父母的關係。

對父母的親近行為，能增進父母對子女的愛時，子女會帶給父母什麼？

一般動物不論是第幾次生產，在一瞬間，都會本能地開始照顧子女，此種本能或天性是一種天賦。

曾有人說過，從下等動物到萬物之靈的人類，在這方面有相似之處。因此，人類的母親，對子女的照顧也是一種本能。然而這個論調有值得商榷之處，因為我們常聽到母親說：「現在我該怎麼做呢？」

此外，由嬰兒問題詢問中心和母親服務處，天天忙碌的情形可以證明，母親（及父親）的育兒經驗須由學習而來。

討論子女對父母的愛前，應先探討人為什麼要生孩子？這個問題對有計畫的生產，是無庸置疑的。因性行為而意外生下的孩子，也不用說明。

想有子女的理由，已談論一些，但是，還有許多理由被忽略。一個普遍的動機是，子女會為父母帶來許多好處。

好處有：姓氏的延續（自己的持續）、經濟上的投資（潛在賺錢者）、防老（老後的扶養者），作為空白婚姻的補償性愛的對象（雖然不太可能）。

當然，還有許多其他的理由，但是，最強力的理由是社會的要求。我們自小就被期待，成長後要結婚、生子。這件事之不被特別強調是因為太簡單了，而且早被一般人接受。因此，這個社會性的角色，早在無形中，由責任變為義務。

一旦出現了嬰兒，好像把母親視為選手，考驗她球技的時刻就來臨了。因為母親必須照顧嬰兒，所以，妻子的角色及時間，無形中就減少許多。

父親也必須重新調整生活方式、零用錢……。嬰兒的強烈需求會不斷，直到成為幼兒後，這種需求才會減少。

養育子女時，除了偶然會得到報酬外，通常都是件毫無代價的工作。有時確實令人生氣或感到氣餒。不過，一切的損失都會由逐漸形成的利益中獲得補償作用。超越了責任感而照顧嬰兒的愛，會隨之產生。

任何人為了照顧金魚、小狗或嬰兒，而有所犧牲，自然會從中產生愛。而這種犧牲愈大，就會愈愛。尤其是子女精神上或身體上有殘障的母親，特別富有母愛，令人非常感動。

由此看來，似乎養育的責任感愈強，愛得也愈深。甚至連對子女的不安，也會成為此種關係的重要部分。

父母的愛，可以用「認知的不協調理論」，略做說明。而且對這種愛，第二章中已說明過了。

一般人對特別得意的狀況，或不幸的情形，很容易產生愛心，尤其是對子女。當子女提出令人生氣的要求或闖禍時，父母常以善意的觀點為他做解釋。因此，即使是不好的行為，在父母眼中常會是一種有價值的行為。

父母照顧子女的責任，原是被迫接受的，但漸漸的會轉念為有意義的事。因為父母所做的犧牲常是善意的犧牲。這似乎是行為的矛盾（強迫接受了不愉快的責任感），卻經常出現報酬。

子女是另一個強力作用的來源，不但會直接證明父母的價值，並且會對父母喜悅的情緒發生反應。

當然也有例外，但通常天主教徒會將自己的子女培育為天主教徒；佛教徒，會將子女栽培為佛教徒；國民黨員將子女養育為國民黨員，而民進黨員，則將子女養育為民進黨員。

父親的保守經濟政策，會出現在子女的思想中，而母親進步的哲學思想，也會反應在子女的行為上。

這種情形，在子女的幼年期時是正確的，但隨著成長或獨立性，父母親的影響會逐漸減少（這是例外，並非經常如此）。有時，也會產生一百八十度的變化，這會使某些父母感到失望或遺憾，甚至造成親子間的失和或疏遠。

多數的父母和子女有某一程度的同化，他們會以子女的成績為傲，一面誇耀他們的成功，一面為子女的失敗辯護。視子女的成敗，為自己的成敗，在某一程度上，是正常的，但如果過分了，就是異常。

這種異常，常會毀滅子女和父母。父母對子女的期望，容易忽略子女自己的需求和希望，使子女違背成放棄自己的興趣，勉強從事自己不喜歡的工作。這種父母大都不能察覺自己的動機，是為了對自己的無能做補償。

父母一再要求子女在社會中出人頭地，並不是為子女，而是為了自己。尤其在運動界，常常可以看到這種情形。比如在棒球場、網球場或籃球的競技場上，只要觀賽五分鐘，觀眾一定會馬上發現，這種比賽並非為了滿足兒童，而是為了滿足父母。兒童似乎只是父母的代理人而已。

還有一個極端的例子，父母會將自己的個性，完全和子女同化，這種放棄自我，以配合子女的情形，比少棒的例子更悲慘。

這種父母，到最後只好完全依靠子女而活。這種愛，容易生恨。

對寵物的愛

有時精神分析家或心理學家，建議新婚夫妻在生小孩前，先養寵物，例如小狗、小貓等。這是測驗親密關係的最好機會。

年輕夫妻可從中直接了解，照顧弱小、無力的生物的困難，及必須付出的愛心、犧牲，和能獲得的喜悅、滿足，以做為父母角色的準備。

一般人會用文字表達對寵物的愛，我們對這種行為，當然沒有異議。因為真心喜愛寵物的人，會帶著濃厚的情感，為寵物作各種犧牲。如果沒有寵物相伴，會感到十分寂寞，心愛的寵物若死了，更是悲痛不已。

有人會嘲笑或諷刺一些特別溺愛寵物的人，這並不稀奇。

偷笑之餘也和飼養貓的老女傭人談起她的寵物經。看到在現代的社會中，有人在遺囑裏指定貓或狗為部分財產的唯一法定繼承人，早已不是新聞。同時，還有狗服飾店、生產房和漂亮的墓地。也有人專門研究，能刺激寵物味覺的各種食品。這些生意，都十分興隆。

在某些大都市，狗也可以接受精神科的檢查。除了特別偏僻的地方外，到處可買到精緻、漂亮的狗棺材。

這種愛如何解釋？寵物又以哪種方式強化和我們的關係？而且從這種關係中，人能獲得哪些滿足？

也許可能用古老的一句格言：「狗是人類最忠誠的朋友」來回答。這句格言並不誇張，因為狗的確比任何的其他寵物更效忠人類。

狗的另一個特性是，對我們的愛，會有回報。並且狗不會表示不滿及批評，更不會吹毛求疵，也不是評論家，牠深信人類是站在牠那一邊的。

人類會給狗自由的時間，這是狗最喜悅的事，也令牠感受到愛，因此，在漫畫圖片中才會出現一種想被愛、想無條件追隨人類的畫面。這是一般寵物的最大特色。

寵物的報酬性比人來得小，因此人對寵物，雖然也會有強烈的愛，但尚不如對人的愛。如果失去了寵物，或寵物死亡，雖然也會傷心，總不如失去所愛的人那樣傷心欲絕。

雖然，狗比人單純，但是不如人有價值。這種寵物不會對人有任何要求，也不會讓人失望，因此，也提高了某方面的價值。

寵物想被人無條件接受的死皮賴臉的行為，反而令人覺得寵物魅力十足。

對朋友的愛

對固定的同性產生愛心、尊敬或愛情，就是友情。這種友情是最明顯、普通的愛的型態。

我們雖會漸漸成長，但仍會保有某一程度的友情——不論是對同性或異性，這種關係會以明確的型態出現，尤其在青春期或青年期階段最為明顯。

在中、小學時，很自然地大部分的兒童會和固定的同性兒童來往，學習培養友情。這幾乎是一種排他、閉鎖的兩人關係，第三者會被認為是侵入者，或完全被漠視。

朋友關係是親密而強力的社會性結合，並被視為人生中深具意義的關係。

朋友能相互滿足，對其他的人際關係也會有共同的看法和作法。這種行為已是一種收付關係，而且為了配合對方，也會調整自己的行為和價值觀。

他們會彼此分享成功的喜悅，分擔失敗的痛苦，並會利用彼此的勢力……這種愛非常重要，不可或缺。

這種朋友關係，剛開始是要求他人，一種純粹的直覺表現，這種傾向和上學前的兒童所表現的初期單向性，只要求不給予的行為大不相同，這種社會性的擴大行為，很明顯的也會替對方設想。

由這種強力的人際關係中，最早學到的教訓是什麼呢？簡單的說，就是如何和朋友和睦相處？

我們都知道，為了某些理由，在兒童時期無法成功地創造這種親密關係的人十分不幸，因為在將來，也很難成功地建立。

而且這些人成年後，不論是和同性或異性交往，也會因為缺乏經驗，而十分不自然。這種朋友關係的最大特點是，能將對方視為一面鏡子，可以讓兒童在觀察別人的同時，也看到自己。

透過朋友，會對自己的行為有所自覺，這就是社會性的刺激。

由經驗中得知，現實的無情和必須配合朋友的強力要求，會使這種關係緊張化，於是就得修正自己的行為，否則可能會失去這份寶貴的友誼，這就形成另一種危機性的關係，這正說明了朋友間基本性的動機。

和某人交往後，我們必先考慮應以何種方式進行，而兒童時期，更要學習在往後的人生中，如何和更多的人交往。

精神病理學者指出，將人當作鏡子，互相對照著看，會產生一種社會化的自適性，可以修正那些由初期的不良家庭所養成的溺愛、叛逆或冷漠性格，以奠定另一種新的開始。

和子女過分密切，才會養成父母的嘮叨。

另一方面，如果父母覺得和子女非常疏遠，或子女會躲避父母的關心，這也是在兒童時期裏養成的。

基本上，這些父母不太喜歡和子女在一起，也不願和子女溝通意見。

這時會渴望和子女有關的緩衝物，而創造了社會性的連帶對象，這就是友情。它能促進對親子間的感情，因這種人際關係而更壯大。

友誼對成人來說，是非常適用的，因為成人期的朋友，能減少人生中的試煉和苦難。朋友也能確認個人價值。因為我們容易被他人影響，由他人口中，了解自己的真正價值所在。

結交朋友的理由很多，而且開始於活躍的小學生時代。這對學童來說，在浩瀚的世界裏，到處充滿陷阱和神祕，同時也被它深深吸引。

如果能和朋友討論這種探索可能引起的危險和捉摸不定，從這份共同的分享中，就不再感到宇宙中的各種現象是那麼虛幻可怕。

許多專家認為，友情是一種強力的人際關係需求。這種需求會直接反應在行為上，就像是一種本能。

也許真是這樣，但缺乏證據，而且有一個相反的事實是，嬰兒期尚是無力階段。由此可以證明，這種需求是經由學習而來的。

高層次的愛

前面談的是，人和人之間的愛，以及人對寵物的愛。但尚未直接提到「愛」的廣泛使用法。

我們常聽到人對神、正義表示愛情，或在不知不覺中，對房子、車子各種食物表示喜好。事實上，我們真的會愛這些東西？如果真的愛它們，那麼，這種愛是哪種型態的愛？在回答這個問題之前，需要更深入的探討愛情的定義。

愛，會以各種型態出現，而且常以出人意表的型態出現。愛和報酬是相互結合的。所以，它有強化接近行為的刺激作用。這種刺激會馬上發出令人愉快的信號，而且使人產生希望。當然，這種刺激是一種物理性的原理。

人們選擇人或有智慧的寵物為愛的對象，因為可以從對方得到回饋。但是，如食物等沒有生命的東西，我們就不清楚為什麼會有人以它們為愛的對象。甚至有的人愛的對象非常抽象。哪些物體能被我們愛或不能愛，要從其複雜性、具體性兩方面探討。

無生命的對象，很少會有多采多姿，無可預測的東西。不管和這樣的對象發生了怎樣的關係，大體上，我們都能預測結果。所以，只有在被限定的狀況下，人們才會和這種對象發生關係。

我們不相信無生命的對象會愛我們，接受我們，或要求我們。因此，我們不必擔心它會對我們有所需求。而我們追求無生命的對象，大都是為了取樂，或是讚美。

一般而言，我們不可能真正的對它們付出愛。不過，有個例外，那就是房子。房子不但是我們的避風港，也是我們的小天地，回到那兒，便會有喜悅感、滿足感。這也就是說，一般性接近也被認為是愛的一種。

雖然廣泛的使用「愛」這句話，但是，對無生命的對象是不會產生感情的。我們雖說喜歡食物、寶石、古董、機械，但也只是口頭上說說而已，要不然就只是付出些許的感情而已。

特質、觀念、心理學是抽象的，我們會不會愛這些？

這是個相當複雜的問題。因為提到這個問題，就必須以心理學的觀點來探討。也就是，所謂「抽象物的性質是什麼」？在這只將以前敘述過的觀點，再詳細說明一下。

從一個具體對象的刺激，到高層次的抽象原理的刺激為止，人類能反應各種變化複雜的刺激。在這種情況下，我們可以某種類似做基礎，利用一些方法，將難以分類的對象，分成數種類型。

有一個特別的圓形紅球可以自成一個範疇，而同時一切又紅又圓的球，也可以歸入這個範疇。從一個特別的球到一切圓形的東西，隨著這種歸類，變得更廣泛化。

雖然從上述的例子中，我們學習了一般概念的反應，但隨著刺激的變化，反應比原來具體所經驗的對象不同時，這種反應便會開始減弱。由這個例子，我們可以說，如果我們學會愛一個人，那麼，就會愛更多的人。

至於人類為什麼以抽象物為「愛」的對象，這個問題很難答覆。因為這種愛情含有形而上的理論。我們（雖有一些矛盾）要確信，自己是溫柔而有豐富人類愛的生物。而且我們所受的教育、宗教信仰和倫理學，都告訴我們要愛人類。起碼它教導我們要公開地說：我愛全人類。

假如我們表現這種愛，便能獲得父母、老師的認同，同時也能獲得報酬。於是實現這種愛，便成為我們的理想之一。

令人遺憾的是，表現這種愛的行為時（例如，慷慨、寬容等），大部分都能獲得報酬，但有時也會怕被別人處罰而壓抑。結果，我們說的人類愛和實際上對一般人所付的愛，產生裂痕。

人類愛和其他的愛之不同。按照我們童年時學習的舒適經驗，便會直接學習要求他人，或接近他人，再加上社會的灌輸，而認為人類愛比較理想。不過，說的人很多，做的人卻很少。

除了抽象性的愛外，還有哪種愛呢？理想的愛和原理的愛是否一樣？愛國心是不是指對國家的愛？我們將利用對家庭和人類所使用的分析法，來分析這些問題。

什麼是愛國心？愛國心是指對自己居住的國家有感情。這種感情可說是家族感情的延伸，即使受廣泛的刺激，也不容易產生強力的反應。所以，如果要說明產生強力反應的愛國心，必須到別處尋找。當然，我們也可以用社會的期待來說明。

我們對很多事（如國家），會有反應。國家的榮譽就是我們的榮譽，國家的成功就是我們的成功，心理學家將這種反應稱為同一視。

抽象物的愛

以本書所認定的意義來看，對真理、美、神和其他抽象物的愛，並不能算是真愛。人們只是讚美它們，想將這些東西變為自己的一部分，或以宗教熱情追求這些理想。但是，因為這些東西實在太抽象了，無法向它示愛。抽象物的定義，依各人的看法而異。有些抽象物對我們的人生，具有相當重要的影響力。

我們相信某種理想，順從這種理想而行動，所以，才能接受並愛自己和別人。如能這樣才能說是愛上人格化的抽象物（宗教對神有很多解釋）。必須透過直接、現實，絕對無法經驗的空想、想像，才能得到強化作用。這種愛可能讓我們產生感情，帶動很多行為。可是，這種愛和我們以前所定義的愛不一樣。

※　　※　　※　　※

女性除了對男性的性愛之外，還有很多種愛。例如，她會愛子女、朋友、寵物，同時，也能愛上沒有生命的東西。例如，家庭、人類等抽象的東西。這裏所包含的強化因素和愛的反應，有很大的差異。

父母必須愛子女，否則便會受到社會嚴厲的制裁。我們在育兒時，才體驗母性或父性。開始時，子女完全依賴父母，然後會逐漸的以父母的性格、教育、信念，來確認父母的價值。

一般來說，寵物是子女的替代品，所以，人們總是對寵物寵愛有加。待寵物像人一樣時，牠們會回饋你（搖尾巴、不咬你等），如果對牠不好，牠也會無言的全部接受。

在人生的旅途中，友情佔著相當重要的地位。尤其是成年期，朋友是分擔喜悅、哀愁的對象。而且自朋友處，我們可以得到很多新知和待人處世的道理。

人類愛之一，是和各種人接觸後的經驗類化。另外還有一種是，為了配合社會的期待，必須對所有人表示自己的愛。而對沒生命的東西，可以以愛人類的單純方法來愛。因為家庭是複雜、多采多姿的，對家庭的每一種愛都要有反應。此外，抽象原理至今仍被我們誇讚著，對我們來說是相當重要的，但這並不意味著每個人都會愛上抽象物。

異常的愛

愛有很多類型。而愛的程度因對象、類型的不同而不同，在正常的發展中，人們會以各種方法愛各種人，但愛並不一定有回報，因為有些愛是不被社會接受的。

例如，對俊榮而言，他被鼓勵愛母親和雅萍，但卻被禁止對紹竹表示性愛。因為後者是「異常的愛」。

在我們的社會中，男女之間的愛，被視為「正常」，而同性間的愛，則被視為「異常」。這是否意味著被視為「異常的愛」，是因為選擇的對象不對？答案是否定的。

愛的表現也有一套規律。

相愛的人，克制自己的性慾，是普通又理所當然的事。但是，性無能、冷感症就是異常。

有很多愛的行為，在某些狀況下被視為正常，但在其他狀況下，則被視為異常。也就是說，愛的行為能否被社會接受的關鍵在於時間、場所和頻率。

另外，在分析愛的病理前，應先考慮什麼是異常？

一切行為，必須是事先可以預測的。在這個法則下，可以很明顯的知道：異常並不是指原因不明或不自然。

愛是人性的一種行為，因此，必然有社會性的回報和處罰。

假定愛是經由學習而來，那麼，異常的愛也是經由學習。這個原理也適用於一切行為。適應社會、被社會接受的行為，比不被社會認同的行為更能獲得回報。因此，行為不被社會認同的人，一定是受環境或劣等文化的影響。

所以，異常是受文化左右，而且和其相對的行為；也就是，能否被特定的社會或文化接受。這在為異常下定義時，是一個相當重要的前提。

當然，這並不是絕對正確的條件，因為有些文化本身就有缺失，如果一些行為在它的標準下能被接受，但在另一個完全不同的文化背景下，又會如何呢？

當然，目前所要探討的，不是異常本身的概念，而是著重在愛情不能順利進行。因此，我們只就目標上必須的範疇做個說明。

什麼是學習？簡單地說，就是在變化莫測的環境中，有效地改變行為。很多人選擇了對自己或他人有破壞性的行為。同時，有時雖然選擇了理想的行為，卻仍不斷地進行不適當的行為。

阻礙我們滿足需求的行為，是依阻礙度來決定其異常度。我們並不是理想的生活個體，因此，沒有一個人的行為永遠都是完美的。所以，對前面已述的異常定義，還要再加上統計過的不當行為。

這個廣泛的定義會產生和前述一樣的問題，也就是說，文化本身在某一方面是不是異常？不錯，目前的文化的確會妨礙我們滿足需求的行為。

在印度某地，雖然面臨了長期的飢荒，但是，他們仍然不吃牛肉。因為在他們的心中，牛是神聖的動物。

由此可見，印度文化阻礙了他們滿足需求的行為。因此，人們便面臨一個問題，那就是選擇飢餓？或社會性的處罰？

還有一個和我們的論點非常相近的例子：西歐社會教示我們，社會的要求會使我們陷入糾葛之中。換句話說，他們要求青年男子勇敢、富於攻擊性，在性方面必須是成功的。另一方面，西歐社會也教示人們要特別慎重、純潔、高尚、富於道德心。

想要同時滿足兩方面的要求，是很困難的，所以，才會陷入糾葛或需求不滿中。這也是產生異常的源頭。

由此可見，是否異常是以行為是否被社會認同而定。換句話說，社會強迫我們的行為模式，不能有效地滿足我們的需求。

當然，社會認同的行為是：和這個集團一致的。其實並不一定如此。

很多習慣、價值觀，是從過去一直持續至今的。這些習慣、價值觀對過去有用，其中有一些可能是從政治體系中衍生出來的。不論是哪種情形，我們的行為大都無法達成建設性的目的，因為我們的行為不願受這套規則支配。

愛情或性可能比較容易受限制。我們的愛的行為，大都被一些沒有根據的規則，或要求束縛著。因此，就會產生很多愛被扭曲的陷阱。

我們並不是將探討的重點放在性障礙的分類上，而是對人際關係的偏頗表示關懷。

在愛的表現中，性影響社會最大。兩個男性也許可以相愛，但他們絕不能有性慾。家族愛是被認同的，但家族間的性行為則會遭責備。

我們議論異常的愛，一定要將焦點集中在性方面，所以，以愛的心理作為議論的主題。

愛的缺乏

在愛的扭曲中，最根本的可能是缺乏愛情所引起的，因為有的人無法愛別人。凡有意識的人，都可以學習愛人，同時也能反應固有的強化因素。所以，如果有機會，每個人應該都能愛別人。但是，如果阻礙愛的力量，非常強大的話，就會異常。

機能有很多種，有些機能和過去愛的經驗有直接的關係，有些則有間接關係。

在第二章我們曾探討過，嬰幼兒初期的相互作用具有相當的重要性。沒有行為能力的嬰幼兒，經驗了需求的滿足時，便學習了依靠他人、愛他人的能力。

在嬰幼兒的心中，母親是快樂的信號。這些信號如果確立完全的話，就成了嬰幼兒接近他人的基礎。也就是來自母親的快樂信號會成為期待其他人的快樂信號。

嬰幼兒出生一年後的一年內，是學習任何事物的重要時期。在這一年內，他們幾乎不會被要求有所作為。

嬰兒的不快感是內在的，人都能在很短的時間內被消除。有時嬰兒的不快感，並不會引起別人的不快感。

嬰兒出生後的第二年，社會便在他身上加上不愉快的限制，社會開始要求協調性。以前是快樂信號的人（尤其是母親），會開始處罰他們。

出生後一年內，嬰兒如果沒有帶著希望學習依靠他人，就不會產生類化，而且也不能成為強化的對象，要求別人服從。

在開始學習的重要時期內，一個人如果沒有獲得任何有條件、有希望的信號，他就不會回報任何待他好的人，因此，別人大都不願和他人接觸。在我們的社會中，有太多這種不幸的陷阱，使自我病態的發展。這麼一來，即使到了成年，也會失去獲得肯定性的學習經驗機會。

大部分的父母在嬰兒出生後的一年內，會充分滿足他們的需求。但從第二年開始，就開始處罰他們。這些處罰有時會讓孩子對他們失望。

遺憾的是，大部分的父母仍然不停地給幼兒強化刺激。父母的態度如果不修正，就會超過社會化所必須的要求，過分處罰孩子。

在這種情況下，孩子會認為，信賴父母是錯的，同時也會造成孩子一個偏差的觀念——過分信賴親切的人是危險的。

如果這樣，那就太不幸了。孩子長大後，隨時會有不安感。當他和某個人有了親密關係後，便產生懷疑和不安，隨著這種恐懼、焦慮不安的心情，他會愈來愈退縮，愈來愈疏遠親密的人，甚至破壞了所有的人際關係。

幼年時雖適當的學習了愛的關係，但如和所愛的人經驗了不愉快的事，仍會產生某種程度的不安。這種不安會抑制接近潛藏性愛對象的衝動。

幼年時，如果愛的情緒可以充分的發展，成年後，就能自失望中，迅速的復原。這就是「永遠的希望」的真正含意。

另外一種情形是，有些人成年後，無法愛人。這種情形在第二章自覺的衍生已略做說明。我們也談過自尊心弱的人，接受愛情的能力會受阻礙。不能接受愛情的人，大都是降低了對自己高評價的人。

一旦低估了某個人的價值，自然就不容易去愛這個人；因為在你心中，這個人的報酬值已消失了。他在你眼中，不是個有價值或理想的人，所以，即使受到他的注意，你也不會高興。由此可見，在學習中遇到愛的大障礙，而無法獲得回報時，就會產生愛情的犧牲者。

一些被詩人歌頌的沒有回報的愛情故事，是愛情中的孤獨者。真正的愛情應該是，愛也被愛。這兩者的關係是相互強化的。

用各種方法使對方快樂，對方也能讓自己快樂，是多麼理想！沒有回報的愛情，充其量也只是對潛在的關係有思慕之情而已。最壞的情形是，產生必然不能獲得滿足的神經官能病的需求。當然，沒有回報的愛情，完全沒有愛情的要素。

男色狼

和完全不能愛他人有點關係的是，有想征服性的神經官能病的需求。按照前面所研討的結果來看，你或許會問，為什麼富於變化的性經驗是異常的？這裡並不打算探討這個問題，也不對那些已真正「解放」的男女做說明。

事實上，「解放」的人不但能真確的了解愛情，也能充分享受性關係，這些人是令人羨慕的，他們才是幸福的人兒。不過，令人扼腕的是，這種人在我們的社會中，實在少之又少。

放眼目前我們所處的社會，對性的看法是保守的，並且有雙重標準，有的只是偽善和一些沒有意義的責備。因此，標榜性自由的人，在我們的社會中難免感到痛苦。

「真正被解放而獲得幸福的人，到底有多少？」

關於這個問題，目前還沒有可靠的資料。不過，依照資料來統計，這種人所佔的比率，實在太低了。不過，令人意外的是，我們發現性的自由主義者，因愛情的糾葛或不適應，而變成不幸的人很多。

現在以臨床的經驗來看，那些被認為是異常的性行為型態，換句話說，就是詳細再探討一下我們關心的事。其中最具代表的是，在性方面想征服異性，也就是和強迫需求有關的徵候。

男性者出現這種徵候，我們叫他「色狼」；女性若出現這種徵候，我們以「被閹割的女性」，或淫蕩的女人——女色狼來稱呼她們。首先，我們先說明男性的情形。

西班牙有個傳奇人物，他就是愛情聖手——唐璜。廣璜以強迫的手法征服女性而出名。也就是說，他以追求女性、吸引女性、掌握女性為他生活的目的。因此，對他來說他並不是以愛為出發點去愛女性，而是遊戲人間。

唐璜是個自我概念不完全的人。為什麼？因為他把女性當做自己的附屬品，無法接受長久相處後所產生的愛情。

其實，唐璜異常的地方是，沉迷於女性最初的報酬——富於羅曼蒂克的氣氛。也許唐璜並不了解自己的目的，也許很清楚。

總之，他認為他是在追求永恒的愛情。開始時，也許他以一股赤誠的真情追求各種關係，但是，一旦達成愛情的關係，除了失望外，沒有獲得期盼中的事。

為什麼有些人，無法獲得真正的愛情？原因之一是，以前對自己有高評估的人，並沒有受過社會的強化。此外，就是自己對性的適應力或魅力有強烈的自卑感。當然，這些人對自我的評估並不一定，因此，他隨時都懷疑自己的魅力，一旦和異性結合，沒有自信能滿足對方，而且即使有一次成功的性行為，也不會因而滿足。

換句話說，這些人大都依自己的看法來決定是否成功。通常他們都會向他人證明自己的能力：「只要我想要的女人，不管是誰，我都能得到手。」色狼最得意的莫過於這麼向他人吹噓。其實，色狼對自己是否有這種能耐也頗懷疑，否則他就不必一再重複地證明自己的能力呀！

色狼最典型的想法是，性行為不是完全成功，就是完全失敗。而一旦失敗，他們便會完全否定自我價值。即使有一百次成功的性行為，只要失敗一次，就不能獲得實感的價值。

假如想獲得，結果卻失敗的話，色狼的態度有二種——否定目標的魅力和自我懷疑。色狼是不輕易被降服的，因此，他的心不可能被他的獵物輕易的奪去。

所有和唐璜相類似的人（這種人很多），表面上看起來很理想——幸福地過著悠閒的生活。實際上，這些人卻非常孤獨。雖然他們經常有想和別人接觸和親熱的慾望，但是絕大多數的人，都沒有這種經驗。

男性的一生，受表示男性魅力的動因支配著。但是，持續性關係的動機不易顯示，即使有表現，也不會付諸行動。由此可見，想創造永久性結合的機會，只有在偶然間或經由非常愛你的女性的努力，才可能實現。

女色狼

比起男色狼，女色狼特別會為社會性的糾葛而煩惱。正如前面所說，我們的文化，依然有雙重的性標準。即使到現在，大部分的人對特別「前進」的女性，仍不時加以批評。不過，這也是事實，女性比較不會想在性方面征服男性。而且在我們的社會中，女性如有亂交的行為，受處罰的可能性比男性高多了。同時，社會性的報酬也不多。

既然如此，為什麼會有女性強烈的想在性方面征服男性呢？回答這問題前，先為女性採取的行為下個明確的定義。

我們並不是對性行為的次數多寡和性行為的多樣性感興趣，而是對女色狼的心理感興趣。

從臨床的實例來看，這些女性並不是真正的具有強迫性，並不斷追求男性的女性。事實上，想研究這個問題並不容易。所以，只有從臨床的資料中尋找答案。

根據調查，發現女色狼的心態是，自我評估相當低，而且過度渴求再保證。很多追求男性的少女，總認為自己是個無用的人，而且也是個不被祝福的人。她們說：「我知道沒有人真正的愛我。不過，至少當男性稍微表示，他們想要我時，我就放心了！」

令人詫異的是，有這種心態的女性，大都在管教非常嚴格的家庭中成長的。她們的家庭，大都具有非常濃厚的超道德的宗教心，如果沒有人做伴，不准和異性約會。

「性行為是極骯髒的，而且會帶給妳非常不好的後遺症。單獨和男性出去，一定不會有好事。」這些少女自小就被這麼告誡著，而且對這種說法深信不疑，因此，她們自然沒有學習社會技術的餘地，也沒有機會修正自己是沒有價值的人的想法。

從小她們就被灌輸性是罪惡的。在這種意識下，她們自小就認為自己是個罪人。到了青年期，她受這個觀念的束縛，無法向男性展示自己的魅力。但是，只要一有機會，她們就會很快地沉迷於性遊戲中。

為什麼她們成年後，一有機會便會沉迷於性遊戲中呢？因為她們對自己的評估非常低，加上現實社會的情況，使她們發覺自小所受的教育，並不正確。因此，她們很快的放鬆自己，也沒有強烈的不道德感。她們確信，將自己奉獻給對方是值得的，最起碼在這段期間內有個人陪伴著他們。但是，由於過分自貶，使得對方也不重視她們，因此，往往相處一段時間後，就會離開她。

她們很少獲得一份真正的愛情。雖然她們也渴望一份真情，遺憾的是，大部分的男性都無法接受她們的愛情。在遭受一連串的打擊後，她們不再憧憬愛情，開始抱著報復和玩弄的心，周旋在男性之間。

另外還有一種型態是，女性一方面想追求男性以獲得性滿足，另一方面卻又憎恨男性。造成她們這種獨特觀念的原因是，她們被教導為：男性是一有機會就利用女性的可惡的人，同時，在性方面，男性是墮落的。可是她們又嫉妒男性能自由的享受性。

在這種心態下，她們在青春期，或二十歲以下的期間內，經驗了痛苦的需求不滿。結果引發了一種動機，就是把性行為當作武器，操縱或利用男性（有時候可能是處罰男性）。從中，她們就能得到某種程度的滿足。

她們會以各種方法處罰男性，使她們自覺非常強大。例如，強迫男性下跪，或嘲笑男性無法在性方面滿足她……等等。在玩弄男性中，她們認為男性是弱者、無能、沒有價值的人。在這種前提下，根本談不上「真正的愛」。

她們玩弄男性的動機和愛情是絕對不同的。男性必須在肉體上努力，才能充分的享受性樂趣。假如女性的需求常常無法獲得滿足，這種女性非常符合我們所說的異常。

以上並不是完全敘述男女色狼的心態，而是舉例證明這種愛的型態的形成過程而已。

前面曾說過一些缺乏愛的型態。雖然還有其他型態，不過，我們敘述的大部分型態都深具意義。例如，不顧他人，只為自己瞬間的慾望，就是自私的人。這種人是在發展初期愛情中失敗的人。又如，喜歡處罰女性的殘酷的人。這些人對女性都懷有恐懼和憎恨之心，而且也採取了實際行為。由他們的行為中，我們可觀察他們的心態。

有一個問題很值得推敲，那就是，某種學習來的行為，是否可以消除？換句話說，有沒有辦法使人「恢復原來的他」。以理論來說，這是可能的。但事實上，卻沒那麼簡單。因為心理治療成功的例子太少了。

幼兒期是學習文化性經驗的最好時期。如在這個時期沒有學習到的經驗，成年後，就很難獲得能代替這種經驗的事。尤其是開頭提到的無法愛人的人，很難克服他們心理上對愛情的障礙。

當然，對現今的治療技術，需做更嚴格的評估。

嫉妒

在第二章中已介紹過嫉妒了。也說過，男性對性的嫉妒，是在小時候的經驗中發現的。換句話說，男孩發現一位力氣比自己大的男性（父親）介入自己和母親之間，使他表達對母親的愛慕之情遭到阻礙。這就經驗了第一次愛情的喪失。成年後，自己的情人如果被其他的男性搶去，那麼，小時候所受的打擊，便會再度出現。

成年後的嫉妒，是幼兒期難過的經驗的類化。女性也一樣，最初會對父親產生愛情性的愛意。假如女性成年後，情人被其他的女性吸引，對她來說，並不是幼兒期外傷性的爭執。因為她的母親和父親的性是不相同的，所以，不會對女性產生類化。

大部分的人一定都經驗過某一程度的嫉妒。一般來說，不會破壞彼此間愛情的嫉妒是必要的。因為適當的嫉妒能增加和維持彼此間的愛情。但是，嫉妒的程度如果威脅到對方，或破壞彼此間的感情，就不理想了。

不管男女，每個人都會為嫉妒而煩惱。在這我們主要探討的是會破壞感情的嫉妒。人剛和對方交往時，嫉妒心最強烈了，下面即是一例。

余凌第一次看到郁芳時，就深深的為她的風采所著迷，而郁芳也被余凌的魅力吸引住。她的時間幾乎都被余凌佔有，因而幾乎失去和其他人見面的機會。

為了贏得她的歡心，余凌特意買寶石送她；為了誇耀她，余凌帶她參加各個宴會。不久，郁芳就被余凌的誠懇感動，答應了他的求婚。

結婚之初，兩人的生活方式並沒有太大的變化。對丈夫來說，郁芳美麗的臉孔真值得他驕傲。因此，郁芳相當注重穿著，每次參加喜宴都刻意的打扮自己。

他們仍和以前一樣，常常一起出去。但是，余凌發現他陷入苦境中。他非常喜歡誇耀郁芳，而且也希望其他的男性誇耀郁芳。可是他感到他的佔有慾愈來愈強，當其他的男性注意郁芳時，他就有一股說不出的喜悅，但後來，他覺得愈來愈不是味道，甚至不高興別人讚美郁芳。

有一次在朋友的喜宴上，李茂邂逅了郁芳。郁芳那天顯得特別高興。郁芳為什麼這麼快樂？她大概想和李茂扯上關係吧!?

喜宴結束後，余凌沉思了一會兒。他沒有將他的不悅告訴郁芳，只是靜靜的坐在一旁，注意她。大約過了八天後的某一個晚上，有個朋友打電話來邀請他們參加舞會，他們欣然的接受。郁芳仍然和以往一樣，備受矚目。舞會快結束時，余凌的精神已經有點不穩定了。又有一個晚上，郁芳以疲勞為由，拒絕了余凌的求愛……發生這些事後，余凌真的生氣。他變得歇斯底里，不斷的對郁芳大罵大叫。在他的眼中，郁芳是個性不道德的女人。

事實上，余凌並不相信，郁芳會是那種女人。他只是一時氣憤，口不擇言的罵她。而且他認為，如果郁芳不承認他的話，她大可加以反駁、否認呀！對余凌來說，他責備郁芳並沒有任何惡意。

可是郁芳卻被余凌的話嚇到了，她感到害怕，也被余凌的話刺傷。有一段時間，她拒絕和余凌講話。

余凌察覺到事態的嚴重，便採取了低姿勢向她道歉，並且買了一束很漂亮的花送給郁芳，表示認錯，他不應該因嫉妒而生氣。他一面責備自己，一面向郁芳強調：「那天晚上，我自己都不知道，竟會說出那些話來，妳一定要原諒我。」

遺憾的是，這件事並沒有因余凌的道歉而結束。他還是不相信她。

一個禮拜後，有一天余凌提早下班，回到家裡時，卻沒見到郁芳。余凌氣得不知該怎麼辦？雖然他們仍深愛著對方，但四個月後，他們還是離婚了。為什麼會造成這種結果呢？

在與人交往的過程中，最容易發生如上述例子中的事。

我們來探討一下余凌的心態。余凌將漂亮的性的對象，當作地位的象徵。因為他沒有自信能真正的吸引漂亮的對方，以確保愛情。但為了證明他能使對方變得更漂亮，他又非常的強化。

對余凌來說，能不能滿足她，讓她高興，實在是一件沒有把握的事。所以，他認為和自己在一起的女性，不能獲得真正的幸福。他變得非常敏感、自卑。為了躲避自我懷疑（余凌的自覺性），余凌和郁芳離婚。

離婚後，余凌經驗了一種得救。因為他再也不必保護自己的擁有物了；不必擔心太太被比自己有魅力的男性搶走；不必懷疑自己的價值。

這裡介紹的病態嫉妒型，並不是只有男性才會有，只是男性發生的比率比女性高很多。但這並不意味，女性的嫉妒心不強。嫉妒有很多種型態，下面介紹女性最常發生的嫉妒型態。

秋雪在保守、家教嚴格的家庭中長大。從小她就被教導，愛上一個男孩，而和他有性行為，並不是壞事；但荒唐的性行為是不道德的。

秋雪長大後，和很多男孩約過會，而且也享受了約會的樂趣。高中畢業沒多久，她就嫁人了。

結婚後，她愉快的度過好幾年。對她來說，人生真是幸福。她的丈夫，是她唯一所愛的人。但幾年後，她發現她不再擁有二十歲時，自由行動、愉快地享受約會樂趣的機會了。她覺得她失去了自己，開始紅杏出牆。

不過，對她的行為，秋雪內心充滿罪惡感和不安。不知不覺中，她察覺自己和丈夫與其他夫妻間的關係變得非常親密，就好像在玩「夫妻交換」的遊戲。雖知丈夫是逢場作戲，但秋雪非常不悅，懷疑丈夫是不是假戲真做。於是彼此的摩擦愈來愈大，由責備演變成激烈的爭執，最後終於提出離婚的要求。

這種行為，心理學上有很多種稱呼法，最普通的是「投影」。「投影」的心理結構是，和丈夫以外的男性發生親密關係，能獲得刺激。而引起秋雪有這種心態的原因是，年輕時從約會中獲得的喜悅仍留存心中，也就是性興奮。

但這件事也引起她的不安和罪惡感。因為這種事很明顯的是不貞潔的。假如沒有這種性的道德觀念阻礙她，她很可能會墮落、亂交。所以，為了安定自己的心，她儘量避免想和別人親密的念頭，而且也不承認自己是追求性滿足的女人，否則，便會產生不道德的罪惡感。

換句話說，她不能承認她被其他男性吸引，否則，就等於承認自己不道德。她以無視丈夫、不去想已經產生的不安感的方法來解決糾葛。她責備丈夫，她認為不是她被新的性對象吸引，而是她的丈夫；想要做不貞潔的事情是丈夫。她認為丈夫和她一樣，也有這種衝動。

這種嫉妒不但不是合理的嫉妒，而且還破壞夫妻的關係，所以，它是異常的。

如前所述，在人際交往中，產生一點嫉妒（男女都有，男性發生的比率較高）是必然的，因此，這種嫉妒是正常的。而且由上述的兩個例子中可以知道，嫉妒的程度如果會破壞健全的夫妻關係是異常的。上面的例子，只是概略性的病例，不能說明一切。

列舉這兩個例子的主要目的是，讓讀者洞察哪一種學習經驗會產生極端的嫉妒。當然，導致異常嫉妒的過程很多。

有些人直接經驗了愛人被搶去的事實，他們唯恐再發生這種事，便變得神經質，容易嫉妒。但不管是因恐懼或投影所引起的嫉妒，或過去直接的經驗所引發的嫉妒，都不是現實性嫉妒，而是激烈性嫉妒。這種嫉妒會破壞愛情關係。

前面已說明了阻礙培養愛情關係，或維持愛情力量的反應。愛的關係若被扭曲，會影響有關連的行為，愛和性行為有相輔作用。所謂的性障礙，大都是指一次性愛情關係的障礙和二次性衍生的障礙。下面即來討論這個問題。

性障礙

性反應是指肉體或心理受到刺激所引起的心理作用。簡單的說，男性會有性興奮，這種興奮是經自律神經所引起的。這時，人的血壓升高、心跳加快、肌肉緊繃、皮膚發紅，而且陰莖也勃起，如果再給與充分的性刺激，就會愈興奮，而發生不隨意的骨盆推出作用。這種作用會不斷增強，肌肉群愈來愈緊張，然後就達到了高潮，射出精液。接著，肌肉緊張和心理緊張便會快速的消失。

女性若受到性刺激，也會發生一連串和男性一樣的性反應，不過，有若干差異。

女性的興奮初期，陰道會分泌潤液，接著陰道口擴大並且變色。陰核的勃起性組織會膨脹，乳頭也會脹大。

不過，女性在達到高潮時，並不會射精。如果受到性刺激，可以產生數度高潮，而且高潮期通常比男性持久。高潮後的消退期，也比男性緩慢。

男女都一樣，性反應會被若干因素阻礙，如疾病、年齡、藥物或心理的異常。

年齡增加（除了影響性行為的生物性因素外）所引起的性障礙非常明顯。不過，生理因素引起的性障礙比較少，所以本書針對的是心理問題，尤其是和性行為對象有直接關係的問題。

男性的陰莖雖可因各種心理因素而勃起，但有些人的勃起，卻無法性交，或勃起後不能維持（陽痿）、性交前射精（早洩）、在陰道內不能射精（陰道內射精無能）等等情形。

女性也一樣，在做愛時，會發生下列情形：陰道肌肉痙攣、拒絕陰莖插入（陰道痙攣）、性交時有劇痛（有痛性交）、陰道內的潤滑液不足、不能經驗高潮（一般叫做「冷感症」）、不能充分的性交。這些性不全反應，自己不但了解，而且都想治癒它。

為什麼不管男女，都會發生這些情形呢？

將性不全反應和創造動機的糾葛聯結在一起，或將性無能想成是一種「抑制」是很容易的事，但若想依照發生糾葛的動機，了解性能力的原因，卻非常困難。

什麼是適當的性刺激？這是一個頗為複雜的問題。「肉體上、心理上的刺激」，只是一種含混的說法，根本無法確切的說清楚，什麼是適當的性刺激。也許探討性刺激是多餘的，但我們仍不厭其煩的從定義開始探討。

適當的性刺激可說是會引起性興奮的行為。

從動物的研究中，發現刺激是天生的，這種刺激是「一種特有的刺激」，每種動物都不同。固有的刺激會引起特定的性反應。此外，學習性興奮有很大的作用，而且按照個體的不同，引起的性覺醒也不同。

譬如，對大部分的動物來說，氣味是重要的刺激體，而對昆蟲、鳥來說，聲音才是重要的刺激。對魚來說，形狀或味道是重要的刺激。對人來說，看、聽、接觸或描述複雜心理的刺激最重要。

但是，每個人的嗜好不同，差異很大，因此，能對某人作性刺激的東西，對別人來說，未必有用。由此可見，能引起每個人性興奮的刺激都不同，所以，引起性障礙的原因也依人而異。不過，大部分的性障礙和訊號的接收受阻有關。

貓如有味覺的障礙，蟋蟀如有清潔的障礙，就表示牠們在性方面一定有障礙。同樣的，不能充分感受性刺激的人，或不能想像刺激的人，性反應也會降低。

經過「性」刺激，我們的感覺會「直接」受刺激，或看到對方興奮，也會「間接」受刺激，因而引起性興奮，完成性交的準備。為方便起見，我們將性刺激分為生理的刺激和心理的刺激兩種。

這兩者並沒有明顯的區別。因為這兩種刺激（不管是直接或間接的刺激）都是受生理和心理的影響。前面所述的性障礙就是指這兩種刺激受阻礙。

例如，看到異性赤裸裸的身體，撫摸對方肌膚，聽到對方的聲音，自己就會興奮。同時，對方如果也興奮，正表示她正有理想的性反應。這些令我們興奮的刺激，也讓我們做好性愛的準備。

這麼一來，我們的性反應就變成自動自發的反應。勃起、陰道濕潤、高潮並不是「隨意」的。假如刻意的想做性反應，反而會阻礙興奮的刺激。

在日常生活中，應避免性刺激。我們擁有的心理動因中，性動因是必須抑制的典型動因。在電梯裡，遇到一位陌生人，被他的魅力深深吸引而引起的性興奮，不是好事，所以，應避免會引起性興奮的刺激或性知覺。

有些人為了宗教、道德或其他社會性的糾葛，培養出極端的迴避性刺激的習慣。對這些人來說，性反應全一樣，不管在哪種情況下，都會消滅性火焰。儘管下意識裏並不想迴避性刺激，但這種機能卻在旁窺視著，隨時發生作用。於是，這些人便會如同前面所述的一樣，導致性異常或性功能不全。

假使想有性行為，但身體卻沒有充分的反應，在這種情況下，就會陷入糾葛中。這種糾葛是反應不全所引起的結果。同時，也是引起反應不全的原因。

有些人一直迴避可能帶來處罰的刺激，所以，一旦他們和異性發生性行為時，就會產生受處罰的恐懼感。有這種感覺時，由於不安，就會迴避性的刺激。因此，他們常為性功能不全而煩惱、不安。

性功能不全的不安

一個人會依自己的看法，採取哪種行動？假如自我判斷錯誤，那麼，因為扭曲，他所採取的行動可能變成無力。在性行為方面，錯誤的自覺，以性功能不全佔最多。所以，性專家曾說：「對性不安，是阻礙性功能充分發生作用的最大原因，因為他會從應負的責任中脫逃。」

這種對性功能不全的不安，稱為「旁觀者」症候。一般來說，有性的信號，自然會導致性交，但能預料的是，雖有性覺醒，卻無法在性方面獲得成功。

男性如果擔心自己的勃起或對方的反應，便會分心。在這種情形下，他雖是性行為的實際參與者，卻變成觀察者或旁觀者。

女性也有和男性一樣的煩惱。在某些狀況下，女性與其說是在做愛，倒不如說是在看性交的過程。性交並不是要參與者變成旁觀者的運動。

兩個人中有一方，或雙方是否陷入這種病態的混亂中，和這種情形完全無關。不僅是你受傷害，連愛情也受傷害。如果怕性功能不全，就會一直擔心對方的反應。有了這種不安，兩人的關係會愈來愈糟。

對方是不是真有危機，並不是問題，重要的是，如果兩方中有一方覺得自己是旁觀者，而就表示彼此的關係有缺陷。但只要將性障礙治好，就能改善彼此的關係。不管是哪種治療法，只要兩人都接受治療，就能增進兩人的關係。

下面雖是個虛構的故事，卻十分普遍。

何暉大學畢業後，在某大企業擔任董事。二十六歲時，和女同事周霞結婚，生了一個女兒。

何暉的童年是在沒有性心理傷害下，平穩地度過的。婚前，他和一般人一樣，經常和異性約會，並且有兩次的性經驗。做愛時，他的態度是積極的。他喜歡和個性內向、性經驗少的女性發生關係。不過，他的太太卻是個性慾強、而且性經驗豐富的人。

何暉和妻子雖深愛著彼此，可是何暉對性經驗、性知識極豐富的周霞抱著畏敬的態度。雖然如此，他們的性生活還算協調，而且也很和睦相處，沒有發生過重大爭執。

有一天晚上，參加宴會回來的何暉（已經喝得醉醺醺），周霞積極的向何暉求愛。但何暉以疲勞和酒醉為理由，拒絕了妻子。但他又不忍心讓周霞失望，因此，勉強的和她做愛。可想而知，做愛並沒有使雙方達到高潮。兩人帶著屈辱和需求不滿，背對背而睡。

第二天，何暉仍在宿醉中，他擔心晚上是否能再度勃起？為了這個問題，他整天不安。晚上時刻終於來臨了。躺在床上的何暉，因受不安的影響，無法勃起。他為能不能進行性交而煩惱著。因此，他等待、觀察。他們仍照過去熟練的方法做愛，隨著心安，他們的性交非常成功。但是有一種不安卻瀰漫在他們之間，於是兩個旁觀者誕生了。

後來，又有一次，不知名的原因使他不能勃起。從此以後，他不能勃起的次數愈來愈多。沒多久，周霞因何暉的變化感到不安，她的性感遇到阻礙，兩人的關係愈來愈緊張，做愛的次數也愈來愈少。

這就是所謂的二次性陽痿（何暉如果原本就沒有勃起的能力，就是一次性陽痿）。對男性來說，這並不是一件大不了的事。很多男性在一生中，都曾經驗過一、兩次的完全陽痿或一時性的陽痿。男性陽痿最普遍的原因是，喝酒、注意力不集中、有心事、疲勞等等。但是像何暉那樣，因陽痿而不安，由性交的當事者變成旁觀者，就有問題。

何暉拿周霞的性經驗和自己相比，懷疑自己無法滿足她。為什麼何暉要和妻子以前的性經驗做比較呢？是不是何暉自卑，認為自己在性方面比不上妻子？還是周霞沒有讓丈夫充滿自信，消除丈夫的不安？

男性失去信心，心中不安是造成陽痿的主要原因之一。在這兒要特別強調，不安會造成自律神經和交感神經的反應作用，而且很早就有因不安而引起的性功能障礙。心理學已證實這點。也就是交感神經支配射精，不過，睡醒時的勃起是副交感神經引起的。自律神經、交感神經和副交感神經之間有對抗作用。所以，不安所引起的過度交感神經的作用，會阻礙興奮感。如果是男性，就會變成陽痿或早洩；女性的話，就會變成冷感症或痛性交的原因。

以心理學的觀點來說，發生性功能障礙的機制是受學習的影響。不安是經由學習而獲得的，但經過治療也能消除。有神經官能症的人，為避免性交失敗，會在無意識中，學習使用這種機制，這樣他就能獲得滿足。

治療時，兩個人都要檢討。性交的當事者，是不是有人想逃避性行為。這點必須調查清楚，因為這樣才能知道逃避做愛的理由。知道原因後，不管原因是什麼都要將它消除，治療需花時間。被人們廣為使用的治療法是「系統性的脫過敏法」。這種方法最能消除在性關性中所產生的不安。治療的期限是以兩個人的心情都穩定下來，不會有罪惡感和不安感為止。

引起恐懼的原因最常見的是，需求不能滿足、錯誤的假設，或得到性功能錯誤的信息。關於這點，專家們的意見是，一定要消除這些想法。最好的治療方法是，彼此坦誠交談，找出原因，消除不安的原因。因為語言有實際上的刺激代理性作用。雙方對診斷或治療討論過後，就不要要求太多，慢慢的增加做愛的次數，使雙方的關係轉好。

何暉和周霞的情形，是由於對性無能所產生的不安所引起的。他們是典型的對性愛不安的例子。何暉對自我的評價不高，他過去的經驗是，自己能完全控制事態，也就是自己是積極的。但是，面對性經驗比自己豐富的周霞，何暉產生了不安。這也是造成他們不和的原因。

通常男性若有不安，沒有自信心，性交時，就會發生一次性的陽痿、陰道內射精無能或早洩。女性也一樣，如果沒有自信心，便會發生有痛性交（一般情形是陰道沒有充分濕潤才會發生）、陰道痙攣等等。這些症狀（和其他的性障礙）也會因其他原因而顯現。接下來，再對其他原因做探討。

罪惡感

罪惡感高居性障礙的第二位。通常是人們會默然的預想，假如有了性行為是否會受處罰而引起的。在第三章中曾說過，我們的社會對性抱持的態度是「性是壞事」。這種態度也許是經由宗教，或所謂的道德訓練直接學習來的；也說不定是從更微妙的間接方法學習而來的。總之，人們對行為的評價，需先經過社會的認同或否定而定。

例如，父母非常保守，只允許子女看保守性的電視節目、電影，穿保守服裝，說保守的話，否定一切開放性的事物。接受這種教育的子女，就會有性是壞東西的觀念，而且子女對這種訓練不易反抗。因為這種訓練普及所有的事情或行動，所以子女無法抗拒它。

隨著年齡的增長，學習範圍的擴大，這些子女們一定會接觸到有關性方面的事。他們總是排斥它，而且覺得一提到與性有關的事，就由然的產生罪惡感。這種觀念如果無法修正，他們就會完全迴避性行為。假如是性慾強的人，就會陷入無法排解的糾葛中，不能充分感覺性的喜悅。

罪惡感的程度如果足以令你分心，那麼，在和異性做愛時，你會發現自己是性無能者。但是，在社會裡你常常可以學到和不能做愛一樣的主動性機制，透過這些事，能減輕你的罪惡感。於是，你就想迴避能預料的默然處罰。

例如，女性陰道痙攣就是最好的例子。不安的女性，當陰莖插入她的陰道時，陰道口的肌肉就會痙攣，以阻擋它進入。這位女性除了感到不能性交外，沒有任何感覺，她可能會說：「我實在很想經驗充分的性交。」但她已經學到了，迴避性行為時常會引起恐懼的有效的無意識機制的一面。

在理性上，她會認為自己是聰明的女性，而且對這個想法深信不疑。事實上，大部分的女性都不知道，為什麼會出現陰道痙攣的現象，直到婦產科診斷骨盆時，才「偶然的」知道原因。

其實，性功能障礙大都是心理的糾葛或罪惡感引起的。因此，性交時男性常會有早洩的現象（其他的問題也會發生）。如果心中的不安或罪惡感無法消除，不但會拒絕對方的性要求，更會破壞兩人的愛情關係。

治療這種情形的有效方法和治療性無能是一樣的，最主要的是消除不安、夫妻如果協力接受治療，成功率比較大。據統計，大約有百分之八十以上的成功率。

憎恨和拒絕

第三個重要的障礙原因是，直接衍自夫妻對人的關係。我們不只探討夫妻，也針對各個不同範圍中的人們，所發生的障礙做過探討。現在再對一些特殊的狀況做探討。

人們常說：「兩個人若能享受性愛，就表示他們的愛情關係非比尋常。」但是，許多發生於臥室內的事不能包括全部。換句話說，夫妻的感情很好，並不意味著彼此有愉快的性生活。可是如果感情不好，一定會造成性障礙。

親暱的性生活可以傳達一訊息——愛、尊敬、慾望、憎恨、拒絕……等等。

同時，引起性障礙的原因非常複雜。其中有些障礙和特定的問題有關。例如，夫妻間的憎恨可能是緣於丈夫無法在陰道內射精，而無法在陰道內射精，是因為丈夫處於旁觀者症候（不安）所引起的。這可能是在無意識中學習的心理機制。

抑制高潮是憎恨的一種表現，很多男性為了延長性交時間或防止女性懷孕，採用了某些抑制射精的技巧。這種機制並不是憎恨的表現。例如，丈夫不接受已發生的婚姻，會採取不在陰道內射精的方式來完成性行為，夫妻間自然不能充分享受性愛。這時可能會有人拒絕性行為。

造成早洩、射精無能的原因很多，不過，通常是性經驗不足或心理不安所致，但有時也可能因憎恨而引起上述的現象。男性在女性未達高潮前射精，並不表示他對女性的反應漠不關心或憎恨，有時早洩也能減輕女性的性恐懼。女性的性自由觀念有時也會使男性產生上述的現象。兩人的性態度不同，不但要修正雙方的觀念，更要了解彼此的關係，再著手治療早洩和射精無能。

通常無法達到高潮的原因是憎恨和拒絕。妻子常會誤會丈夫只為滿足自己，從未考慮過她，因此，她會以拒絕來處罰丈夫。性障礙並不會引起憎恨，相反的，彼此的憎恨卻能使夫妻關係惡化，而形成性障礙。

性刺激的來源是對方的性反應。雙方如能注意這點，障礙便可減至最少。各種的性愛會引起各種的問題，也會產生不同的「性訊息」。性，不只是表示親密，也可以作為報酬和處罰的方式之一。

性動因的強度因人而異。如果夫妻間的關係良好，性行為便能協調。

每一次的性行為並不一定都能達到高潮。性交時，不妨以某些物品來激發彼此的性慾。無法達到高潮時，雙方都必須諒解。如果出現不必要的拒絕和過分的要求，便會引起憎恨。

性行為無法協調，是愛已扭曲的徵兆。性，是男女共享的。性愛如果會對某一方造成痛苦時，經常是關係惡化的徵兆，也就是說兩人之間已產生某種危機。

在所有被認為異常的愛或性行為中，最嚴重的可能是同性戀。我們將在下一章說明這個問題。

異常的愛是不容易定義的。為了滿足，做出性愛的行為，使雙方受傷害，這個觀念可以貼切的說明異常的愛，並符合我們的對它下的定義。

愛的領域中，常出現很多異常的行為，最根本的就是，無法愛人。產生這種問題的原因很多，最主要的是，不瞭解愛的真諦，因此，對親密行為忐忑不安，無法實踐性關係，並一再徘徊在自以為是的愛中，無法付出真愛。

輕度的嫉妒是很普遍的現象，但有些嚴重的嫉妒，隱藏著不安或投射的重要機制。如果愛的關係有問題，經常會從性行為中表現出來。

性功能很容易受到以上各因素的影響。在不安、恐懼、敵意和人際關係惡劣的情況下，無論男女都可能產生性刺激阻礙。

對性無能的恐懼，當然是性功能障礙的最大主因，罪惡感、敵意、拒絕等都是原因之一。如果配偶之一有性功能障礙，關係一定會惡化，這時雙方都要接受適當的治療。

第六章　同性戀與未來的愛

何謂同性戀

男性對男性產生愛，或女性對女性產生愛，是很普遍、正常的事。但是，我們的社會對這種愛情的表現，限制得非常嚴格，如果違反了這個標準，那麼，同性間的友情就會被視為同性戀。

我們的社會，對個人的限制非常苛刻，其中尤以強迫人們一定要異性戀最為嚴格。因為大部分的人都認為：「異性戀是符合自然原理的」，所以，除了異性戀外，其他的愛都是違反自然的（此處的愛情定義是狹隘的定義）。

性是繁榮子孫的第一步。而同性戀就無法負起這個責任，因此，大多數人認為，同性戀是違反自然的。如果將這種說法廣泛地引申，那麼也適用於避孕。有些學者認為除了人外，其他動物並沒有同性戀的行為，這種說法是錯誤的。因為春天時，我們常能看到哺乳動物中，有些性愛有同性戀的行為。

責備同性戀的理由大都是錯誤的。他們認為同性戀是違反自然、不道德、異常、病態的行為。

但是，這並不表示每個社會對同性戀的看法都是如此，我們的社會對同性戀，已有合法化的現象。不過，反對同性戀的價值體系，仍然強力的、普遍存在。這股力量深具影響力，他們深信同性戀會引起不安和不良的抨擊。

男性為了顯示自己具有生殖力，常和異性發生性行為，因為他們認為，如果不追求異性，反而和同性接觸頻繁，會被誤認為同性戀者，所以，為了避免發生這種不名譽的事，才追求異性。女性也一樣，同性戀的問題深深地困擾著她們，使她們和同性在一起時，變得非常拘謹。

現在我們要詳細探討性的角色或性魅力的特性，以了解同性戀的原因。

我們在幼兒期時，就開始學習如何扮演適當的角色，男孩和女孩學習的事，有很大的差異。無論是遊戲、服裝、說話、禮節、興趣都很不同。在他們真正了解性以前，就會被教導兩性間最大的差異，自己應扮演那種角色。如果你沒扮演好適當的性角色，就會遭到社會嚴厲的制裁。在這前提下，同性戀或其他的各種性倒錯，就受到社會大眾的異樣眼光。

事實上，依照金賽等人調查的結果，發現百分之三十七的男性承認在青春期後，至少有過一次完全同性戀的行為，而有百分之四的男性，承認是純粹的同性戀者。想在這種問題上獲得正確的數字，是非常困難的，因為有關這種問題的資料其可信度非常低。假如將不能達到高潮的性行為也包括在內，這項調查的比例可能更高。

事實上，我們都是雙性人，在肉體上不管是和男性或女生做性方面和接觸，都可獲得性刺激（甚至用機械也能得到刺激），但在心理上真正是兩性的人非常少，大部分的人只會挑選一種，而加以強化性嗜好。到底是什麼因素決定人們對性嗜好的選擇？與生俱來的？後天學習的？還是兩者皆有？

這種疑問，仍在探討中。即使有了答案，也是不具體的。但是，這個答案可能成為了解人生的一個指南。同性戀是天生或後天的？這問題比探討人們某種特質是天生的或後天的，還來得複雜。因為人類的行為並不單純。我們必須在生物的構造範疇中學習，才能在環境中運用，所以，遺傳因素和環境因素是不容忽視的，而且是經由兩者相互配合所發展出來的。

在某一集團中，特性上的差異是偏重於遺傳？或後天環境的影響？研究這問題很有意義的，因為從答案中我們可以獲得遺傳的概念（超過這程度的專業性定義，並不在本書的探討範圍內）。這概念和人的其他特性一樣，能說明性的偏好。

很多研究者認為，造成同性戀的原因是遺傳。但是，由於這項研究並不容易進行，所以，同性戀的遺傳因素所佔的比例究竟多少，仍無法得知。不過，造成同性戀的生理因素和心理因素，逐漸被發現。在對造成同性戀的各種原因做評估前，我們要對關鍵性的行為下個明確的定義。被慣稱為同性戀的行為、反應是同性戀者表現出來的（這些人屬於純粹慢性型）。對同性戀的問題看法，最中肯的是莫奈。

不管哪種程度的同性戀，都和遺傳、生理組織、心理因素有關，同時，也和環境、學習、社會密不可分。其實，同性戀和何種因素有關，這些關連佔多少比例並不重要，重要的是同性戀是屬於哪種型態的愛。

慢性的、強迫性的、本質性的，或突發性的同性戀，可能是遺傳、環境、體質、學習、生物學、社會學相混合的產物。

莫奈說：「對同性戀者能說的話，對異性戀者也可以說。」

為了瞭解同性戀對一般性行為的影響，需要更深入了解同性戀。因為各人性嗜好的選擇，是自完全的同性戀到異性戀的過程之中。

在正常的胎生分化過程中，男女都一樣。最初女性性器會成長，而要表現出男性特徵，需要子宮內的雄激素（Androges）來輔助。假如，雄激素不足或雄激素功能有障礙（在化學上可能發生），胎兒在外型會朝向女生的模樣生長，但是，生長到某一程度，再給她雄激素，就會形成男性性器。

不論男女，生理的異常，大都因遺傳基因和體內的性特性不符合。換句話說，在遺傳基因方面雖是女性（有女性的XX染色體），但是在外型態上卻為男性；相反地，在遺傳基因上，雖為男性（有XY染色體），但生理上卻為女性。只要研究這些人或研究性生長的過程，便可知道形成性嗜好的原因。

由研究中得知，遺傳基因或荷爾蒙不是決定性嗜好的主因，這的確是一個令人吃驚的事實。同時，在胎生化的過程中，是否獲得正常量的雄激素，則決定會不會有攻擊行為。另外，也可能影響一般的性嗜好和行為。

依最近的研究得知，性嗜好也受人生經驗的影響。據說，男性同性戀者的雄激素指數，尤其是睪丸脂酮（Testosteron），比異性戀的男性低。原因是什麼至今仍不清楚。不過，可以確定的是，原因並不單純。

在胎兒期，因荷爾蒙失調，而產生了「錯誤的」性的價值觀，也許因而造成輕度的同性戀。真正的同性戀是他們無法確知自己扮演的角色。性角色經由學習中確立，它需要經過某一段學習過程，才能確定心理和性是否一致。

人類在社會中成長，社會提供我們學習男女行為的環境利用觀察和模擬，我們得以確立合宜的行為。如果男性的行為像個男人或興趣較硬性，就會獲得家庭、朋友的誇獎和認同。但是，如果男性很女性化，或興趣偏向軟性，他不僅會被嘲笑，也會受處罰。這些原則也適用於女性。不過，比起男性，女性受處罰的比較少。一般對保持「適當的」同一性的報酬，會一直持續到青年或成人。現在的社會體系是，我們被教導，要有適合自己性別的行為，包括對異性應有的性魅力。遺憾的是，在我們的文化中，產生了很多「不適合自己的性」。

由此可見，社會上的報酬不一定有效。有一些被社會認同的心理發展，經過一段長時間後，卻變成異常。現在探討一些實例。首先探討男性的態度。

男同性戀

一般來說，男性的行為，較具攻擊性。男性在少年時，就有粗野的舉止，成年後會明顯地以行動來佔有喜愛的人，這種作法被認為是男性氣概。男性的態度不能用文化來解釋，因為那是受荷爾蒙及男性雄激素等內分泌的影響。

大部分的男性，因生理需求，多少對同性有興趣，但社會的壓力，使這興趣很快地消失。

男性的基本興趣之一是，對女性產生好奇。這種性的嗜好並不是絕對的，從男性的同性戀中，我們可以發現，有些男性對女性氣概頗為傾心。這個現象常和進行性行為時所採取的主動（男性角色）、被動（女性角色）相對應。一般認為，遺傳會影響男性氣概。雖然這種說法尚未被證實，但是卻非常有趣。不過，可確認的一點是，遺傳絕不是決定男性氣概的唯一因素。

下面以實例說明，什麼原因或經驗，使一個人變成同性戀。

•女性角色——魏峰的例子

魏峰的母親是個支配慾、敵對性很強的女性，父親則是態度溫和、順從的人，因工作關係常常不在家。魏峰從小和母親、阿姨住在一起。六歲時，魏峰的父母離婚，從那時起，她完全由這兩個女性扶養。

有一個研究報告證明，兒童在父親常不在家的環境中成長，比父母都在的兒童，更會學習女性角色。魏峰就是典型的例子，他認為他應採用女性的角色。由於母親、阿姨都憎恨男性，而對魏峰來說，她們是他人生中最重要的人。為了要獲得這兩個婦女的認同，他只有儘量不表現男性行為。

造成魏峰有這種想法的原因是，他得到的社會性報酬和一般人相反。換句話說，魏峰如果採用女性行為，便可獲得認可，並得到報酬；如果他採用男性行為，不但會被否認，也會受處罰。在這情況下，魏峰便學習女性的角色。

魏峰還學得了一個觀念，那就是男性通常都需要靠女性來滿足自己性慾，而這是不正確的。同時看了母親和阿姨的女性地位處境，魏峰確信，他絕不要利用女性來獲得性滿足。

魏峰其實很單純，不過，由於他的行為太女性化，所以同齡的人都不願和他來往。結果，有一位年紀比他大的同性戀傾向者，把他當作伙伴，甚至愛上他。魏峰在感激和好奇的驅使下，把自己獻給他，並從中得到性的喜悅。因為在這兒（雖是同性戀）擁有真正愛情所必備的要素，魏峰因而成為同性戀者。

魏峰不只變成同性戀者，同時也明顯地喜歡扮演女性角色。女性化內分泌腺並不是造成魏峰同性戀的主因，最大的原因是環境造成的。

魏峰走進了劣等文化世界，那裏充滿著魅力、自大、嫉妒、同性戀的愛情關係。另外，也有經過完全不同的過程而變成同性戀者的。下面再舉例說明。

•男性的角色——宋安的例子

宋安長得並不好看，但是非常有禮貌。他父母感情不睦，從小宋安便被教導男性的行為，他也處處散發男性應有的氣概。和其他小孩比起來，宋安心理比較不平衡，而且沒有自信心。他自認為是一個不受父母及朋友喜愛的人，對他來說，被兩性接受和喜愛愈來愈重要。由於他沒自信心（被喜愛），因而造成對女性性無能。

到了青春期時，宋安有強烈的性衝動，很早便學會自慰，並常沈溺其中。通常男性自慰時，會幻想征服了女性。事實上在女性面前，宋安非常膽小，但在同性中他卻用支配、攻擊的態度對他們。

男性之間的友情是很重要的，因此宋安和他的同性間，相互關懷，進而撫慰對方，而產生同性戀的行為。開始時，宋安曾為這種行為深感不安，但是，他卻不願放棄這種刺激、美好的經驗。另外，因為這種行為是不可告人的，所以，宋安和他朋友之間的聯絡更緊密。

在同性朋友中，宋安具有支配力，因此，他們很快就沉溺於完全的同性戀中，宋安扮演的是男性角色。他想從同性戀中獲得性滿足，而他的朋友就替代了女性，對宋安來說，男性比女性容易接近，所以，他選擇了這種方式。

條件和宋安一樣的男性，如果心中沒有不安感，便可以有正常的異性戀，不過這些人只有在同性戀的狀態中，心理比較穩定，所以，他們一直保持對男性的性嗜好。宋安同性戀的原因，並不是生物性的要素，間接要素強化了宋安的性動因。

宋安或魏峰愛的經驗，是真實而強烈的。我們的文化贊同異性戀（即男性立於支配地位）。同性戀者雖遭受各種障礙和困難，但是，他們卻獲得真的滿足和平衡。兩個同性戀者共同持有的性愛經驗超越異性戀的價值意識。

當然，也有很多同性戀者一生不幸。同性戀在其他的文化中，是不能接受的，有的地方甚至採取更嚴厲的性角色規制。

女同性戀

金賽的部分研究證明，女同性戀比男同性戀少。不過，這個結論頗值得懷疑，因為比較男、女同性戀的比例，並不容易。男女同性戀的定義不同。

金賽、波梅路易、馬丁等在調查女同性戀比例時，發現百分之二十八的女性有這種經驗（男性卻有百分之五十）。大體來說，男同性戀的比例較高，但是，社會較能接受女性同志表明愛情的事實。

例如，女性間的接吻和擁抱比男性間的同樣行為生活化，並且很少人認為女性間的這些行為是同性戀的傾向。同時，女同性戀的嚴重性也比男同性戀低。

換句話說，女同性戀的行為很日常化，比較不會被視為異常，所以，男同性戀的比例低。專家曾約談過二百九十五位女性，其中二百七十三位女性表示「曾經有強烈的同性戀性衝動的經驗」。這些經驗不能全視為同性戀的行為。由於女性間的愛情的確非常普遍，所以女同性戀，並不稀奇。

本書一再地重複說明，大部分的人最早從母親處知道何謂愛。

這種初期的強烈愛情，男性和女性都有經驗。因此，成年後女性愛的發展，傾向同性的情形比較多，所以，我們說它是這種愛的類化。同性戀的愛情，在性行為的頻度上會產生疑問，也就是頻度是多少才能稱為愛的表現。而且性行為能不能達到高潮？這不能作為同性戀愛情的標準，因為女性的高潮比例比男性低。

另外，女性為什麼要和同性做愛以獲取性刺激和性滿足的對象，也是一大問題。

性的基礎不是建立在同性間，應建立在異性間，這是我們從小就被教育的觀念。我們再說明某些女性違反這個觀念的理由。如同解析男同性戀一樣，在可行的範圍內，探討女同性戀的成因。

女性如果有像魏峰那種教育環境的經歷，一定會成為同性戀者。下面就是一個實例。

盧鳳的父母在她幼年時便告仳離，而她的監護權是歸於母親。母親為了維持家計，便將房子分租給女性。而這個女房客也和盧鳳的母親一樣，無法和男性維持美滿的婚姻生活。她們認為自己是被男性利用的受害者，因此，她們非常憎恨男性。

為了避免盧鳳成為男性的性玩偶，母親就告訴盧鳳，性行為是不道德的，因此，盧鳳下意識認為男性是殘酷而粗野的，在肉體方面，殘暴而沒有人性，同時，她也被灌輸一個觀念——性行為是痛苦、可怕的。於是，盧鳳深信男性都是骯髒、卑鄙的。

有了這種觀念的盧鳳，上學後，卻看到在她四周的明友們都能充分地享受異性戀，只有她無法接受他們。

在性方面，盧鳳是內向的，她從未和男性約會過。她的行為，贏得了母親和同居女性的認可和讚賞（她們常以接吻、擁抱等方式表示）。盧鳳排斥男性的心愈來愈強烈，對盧鳳來說，母親和同居女性給她的愛情，是社會報酬的主要來源。於是，漸漸的她就依靠了這種愛情。

有一天晚上，母親不在家，同居女性比平時更深度地愛撫她的身體，並向她吐露愛意。雖然同居女性是以開玩笑的態度撫摸她，但很明顯的，這是肉慾的愛情。盧鳳覺得有點困惑，但是身體卻感受到某種舒暢的感覺，因此，盧鳳沒有拒絕她。

從此以後，這種表達愛的方式已深印在她的腦海裏，盧鳳便學會利用同性的性行為來獲得性的喜悅。因同性戀關係，使她消除了恐懼而能享受到性的樂趣。對盧鳳來說，同性戀可解消社會的性限制，因此她便完全投入其中。

對男性有恐懼心，的確是造成同性戀的原因之一。如同男性一樣，女性變成同性戀的原因也很多。

生物的要因和學習的要因，也是構成同性戀傾向的原因。所以，男性荷爾蒙強的女性，便會對男性化的東西感興趣，並加以學習。這種人在心理上已將自己視為男性，這也是一位女性變成同性戀的原因之一。因生物性的要因使同性戀的性行為被視為罪惡，而且不可和異性戀相提並論。

不管同性戀的原因和比例如何、我們對同性戀的看法如何，它是一種真實的愛情。在社會上、情緒上、肉體上，同性也能互給對方很大的報酬（事實也如此）。社會並不諒解同性戀者，並苛刻的抨擊他們，這些抨擊使同性戀者發生選擇對象的困難。

社會之所以不能接受同性戀者，是怕同性戀者會破壞我們的社會體系，因此，不安感促使社會極力地反對同性戀。事實上，同性戀是文化的一部分，所以，將同性戀者視為罪犯，實在不合理。

目前的社會，無法接納同性戀者，同性戀被認為是違反自然的不道德行為，這是無意義的看法。因為同性戀是依照自然法則發展出來的。同時，大部分的哺乳動物，也都自由地採取同性戀行為。

我們看看歷史的演進過程，在人類社會中，很多人也自然的作出同性戀行為。認為同性戀不道德，是沒根據的說法，並且不合法並不是代表行為本身原就不合法，那是文化下的定義。法律或社會對同性戀，雖然沒有具體的制裁法，但是，大眾的輿論已完全否定它。

同性戀有很多種類型。每種類型的行為傾向都不相同。同性戀的愛情是真實的，而且這種愛情也是經由環境學習而來。

同性戀經常發生。其實，基本上同性戀是無害的。如以這種觀點來看同性戀，我們的社會對同性戀頑固的價值觀，有再檢討的必要。

心碎

在第四章裡，我們把愛的喪失，解釋為一種人際關係的崩潰而導致的離婚和別離。但是，並非雙方都會受到喪失愛的打擊和痛苦，很可能其中的一個會先死去，或有一方想離婚，而另外一方卻不肯，這時，不肯的一方就會帶著愛，以寡婦或鰥夫的姿態生活。

如何治療受打擊的心？時間可以使人淡忘這種悲傷嗎？是否需要某個改變，來恢復原來自我？回答這些問題，我們應再深思一下，如何消滅或學習清除愛？如果是愛的對象死去，情形就更複雜。

愛是強力的接近行為，以各種型態和令人意外的方法，帶給我們無上喜悅的愛的對象，會使我們想接近他，這種接近的行為，就是愛。看見所愛的人，會心情愉快或產生希望；對收受的某種行為，也會引起愉悅感。只要想到所愛的事（象徵性的心像），就會愉快萬分。而且一旦愛成長後，和愛的對象曾分享過的景色、事件、經驗和氣氛等，不但會使人想起愛的對象，愉快感也會繼續不斷地增強。

這種預感，並不是指相似的情形會讓人想起愛的對象，然後導出愉快感。這種由A

轉B，由B轉C的分離式聯想，或連鎖反應。它是指即時性的聯想，是經由一種統合的經驗而來。如遇到特別相似的景色或事件，會馬上產生和所愛的人交流的喜悅感。

如果是寡婦和鰥夫，所愛的人絕不可能再出現，因而這種預期性的反應會被阻止。這情形就像在第四章曾經提過的一樣，會產生嚴重的需求不滿的經驗。當愛的對象先行離世時，即使我們希望有預期性的反應，也無法做到，同時，也應知道那根本是不可能的，可以用簡單的例子來說明。

假設自己很喜歡吃烤鰻魚，某天晚上在看雜誌時，突然想起了鰻魚，於是非常想吃（高度預期或預感），就打電話給朋友，想請他一起去吃「消夜」。如果這位朋友回答說，有這道菜的餐廳已經打烊了，你的預期會受到阻礙並感到非常失望。這種感情，就和失去愛時，在悲傷中所產生的感情一樣，愉快感沒有實現。

能統合社會環境的心理學者，若以技術人員的身分，被詢及治療喪失愛的方法，他一定會教這個人照前面所說的做。如果他完全能安排好事情，就能掌握愛的對象實際仍在的很多機會，而且會注意到這些機會都不會產生任何強化作用。

如果沒有長期地強化，愛可能會消失，所愛的人的形象、感情，也可能不再引起愉快感（因為已被消除）。以前能使人產生愛的交流的預感動機——景色、事件、經驗、氣氛等，可能會自動地「中性化」。因此，這是消除悲傷最簡單、快速的有效方法。

遺憾的是，有時這個方法也無法治療悲傷的寡婦。很明顯的，這是因為無法適應。這兩種情況都一樣，因為要直接消除的愛的對象，已經不在了。那麼，能用什麼來解決這種單方面的喪失？應該是間接性的、慢慢來的方法。

當我們失去愛的對象，而且無法直接消除愛的感覺時，只好回想能引起我們聯想到對方的事，以消除悲傷。

這時，能讓人想起對方的一切景色、事件、經驗和氣氛等，都會以引發其他想法的立場被確立，所以，必須再度經驗會產生以前預期性反應的狀況。

因此，克服喪失愛最有效的方法，就是被動的為悲傷而憔悴。為了抑制希望和某人一起做愉快事的期待，就要在這個人不在時做這件事。這樣會引人想起所愛的人的事，也逐漸和其他想法聯結。

這並不是說喪失所愛的人，就要過著像瘋了一樣的偽裝新生活，如是這樣，就是自挫。因為比起得到報酬，全被強制的行為算是一種處罰。如果能成功地做到這點，就可以開始從事以前和對方一起享受的活動，而且也應嘗試參與新活動，以創造新的愉快感。

善心的人，看到心靈受創的伙伴時，會拉他參加各種活動，希望用這個方法來鼓舞他。這是很妥當的作法。為減少這人喪失愛的對象的傷痛，必須不斷給他些微的壓力，才能達到效果。但是，這並不是強迫他參加許多他不感興趣的活動。時日一久，新經驗會治療受傷的心靈。

特別注意的是，愛和喜歡有很大差異，如果自己喜歡的人不在了，只會感到寂寞，不會因失去他而悲傷。雖然我們喜歡某人一定有理由，但是，不會對他產生一般愛的喜悅感，因為這種人對我們來說，只是具有優點或會帶給我們利益而已。因此，喜歡的人不在時，所產生的孤寂感是很有限的，非常容易消除。

愛和憎恨

本書中，對憎恨幾乎沒作任何說明。但是，社會上普遍認為，愛和憎恨之間關係密切。什麼是憎恨？憎恨和愛到底有什麼關係？

這是個很有意義的問題。回答這個問題前，必須先對憎恨下個定義：

憎恨的反應和愛的反應相反。我們常會迴避自己討厭的人，如果他在旁邊，就會感到不愉快，因為自己預想，由於這個人的存在，可能發生某件不快樂的事，而把他當成具有威脅的對象。

如果真實地表達憎恨的情感，一定希望討厭的人發生不幸，而且對他的不幸，也會有某種程度的喜悅。

那麼，所謂的不安、迴避和惡意等反應，是不是和愛的反應完全相反？沒錯。

那麼，哲學或詩詞、古諺中表達的愛、恨交織，又是在什麼情況下發生的？

我們先考慮產生這種憎恨的必要條件，把憎恨當成不愉快，或有強烈處罰性質的一連串學習反應，這就和愛一樣，是一般現象。假如我們能預測自己在某一特定的事態下會被某人處罰，就會對這個人產生恐懼感，或是單純地迴避這個人。但是，這只是以處罰為信號，而產生的反應，它和憎恨不同。我們把這種情形稱為嫌惡，或恐懼。

事實上，憎恨和愛一樣，都有更廣義的反應。假如我們和一個理想的人在某個特定的時間愉快地相聚，我們只會說喜歡這個人，不會說愛這個人。嫌惡的情形也一樣，指的是特殊的某件事。

愛和憎恨都是一般性的事，就這點上，它們有某程度的相似。

憎恨成長的情形也和愛一樣，必須和討厭的人做廣泛的交流才會產生。但是，為什麼要和處罰你的人，長期交往呢？因為家庭中的複雜人際關係。幼兒就不容易脫離無法預測的嚴酷父親，他必須經常和非由自己選擇的人一起生活，受他們養育。

另外，許多婚姻生活，經過一段時間後，都會失去甜蜜感，只是為了宗教或其他理由才勉強維持下去。像這樣，雖已脫離了真正的夫妻關係，卻不想離婚，於是憎恨開始成長。不管如何，總是想脫離不得不和對方接觸的事態。

不過，奇怪的是有時候我們反而願意和討厭的人一起生活。這種複雜的人際關係，正如我們經常和某人維持著糾葛關係一樣。不管是誰，都能帶給別人報酬和處罰，尤其在親密的關係中，更容易明顯地表示出愛和恨。

為什麼同一人物無法學習喜悅或痛苦？對這個問題至今仍沒有合理的回答。接近或逃避行為，不會很快消失，而會以「糾葛」的狀態共存。在這種情況下，通常是有反應的一方佔優勢，他方則暫時失去活潑的意志。

事實上，對一般人來說，想從不愉快的經驗或行為中逃開時，會努力表現出愛情或接近反應。至於不愉快、不容易被社會接受的憎恨，不但不會公開表明出來，有時甚至會全部隱藏起來。心理學家把它稱為「抑壓感情」。

但是，抑壓並不能使它消失。這時，仍可察覺到這份感情的存在，而使整個人陷入莫名的緊張中。同時，也可能不自覺地以一種妨礙及間接的方法，打擊憎恨的人。

在愛恨交加中，恨會明顯化的另一個原因是直接性。有時候為傷害這個人。竟說出連自己都認為有違事實的事來，像這種夫妻或宗族間的激烈行為，就是以概括性的態度來表示憎恨。

不管是多親密的人際關係，大都存有某一程度的愛恨交加。很少見到一個隨時都對對方有利的人（大概也找不到）。

如果想抑制憤怒或一般否定性的感情，大都會惹出比憤怒本身更麻煩的情況。拚命耐住憤怒，比表明憤怒更具破壞性。而且如果一直壓抑，小困惑可能會發展成大憎恨。

因此，愛和恨便有兩個共同點。概略地說，兩者都是對一般性二次元強化因素的強烈反應。也就是說，愛是接近正的信號，而憎恨則是對威脅的信號有逃避的反應。而且它們都是以不同的程度存在相同的人際關係中。

羅曼蒂克的人大都認為，當然是所愛的人的幸福和喜悅比自己重要。只有在這種確信中，才能找到真愛。也就是，在毫無代價的愛情中，認為只有自己的愛人幸福，自己才能幸福。

前面強調的愛的行為中，一般是包含「供與」的喜悅，那麼，這是不是情侶間互相的尊重和保護？強化這種愛，會成為真愛嗎？答案是「不」！這種無代價的感情背後，隱藏著各種相關因素形成的動機。

比如，我們想保護和擁有能帶給我們喜悅的東西。當自己所愛的幸福時，我們就知道從他那裡獲得的快樂會更多，因此，對可以帶給他喜悅的人，我們也會覺得高興和放心。而且讓所愛的人愈幸福，他愈會想留在我們的身旁，甚至不願違背我們的願望。這會變成很強烈的病態心理。因為它就是兩人發生痛苦糾葛的緣由。

已經強調過好幾次，我們都有某一程度的自閉感和不安。因此，不管是哪種人，對可以證明自己價值的人，都會有好反應，所以，才想讓所愛的人幸福。也就是，讓他們幸福就可以證明我們的價值。

但是，如果對自己有極低的病態看法，就會再度碰到問題。他可能會為了證明自己的價值，不計代價地繼續保持讓他人幸福。結果，犧牲了自己，並從所愛的人身上，奪去令他滿足的重要因素，也就是奪去了能讓我們幸福的能力，造成一種矛盾。

情感極度不安的結果，會更具破壞性。怕失去所愛的人的不安，會使人拚命讓對方更幸福。而且這種努力不但會產生不滿，也會成為一種自挫。像這樣，不安會在人際關係中注入破壞性的緊張。

供與，特別是要讓他人幸福，的確是愛情關係中最美、最重要的部分。這種感情非常淡薄，或完全沒有的夫妻，很明顯的，沒有真正的愛情在成長。像嬰、幼兒時期那樣全心的要求和給予，在成人的世界中，不但幾乎找不到，而且可能還會和那種情形完全相反。如果在所愛的人的要求下，完全奴隸化，只做獻身供與的人，不但會失去自己，也很容易失去一切人際關係。這是我們常見的事實。

未來的愛

說到這裏，我們所提到愛的事，幾乎都是幾十年前早就提過的。愛（尤其是性）的表現雖在過去幾十年間有一些改變，但是，大都只是表面上的改變，並沒有使心、性，及其他得到真正的自由；同時，現在也沒有這種自由的徵兆。我們運用的原理是想利用超越在我們四周，以加速步調行進的文化變化。不過，這些變化包括了愛和性，將來會變成怎樣？這還要推測看看才知道。

第二次世界大戰後出生的人，以文化中非人應有的物質主義作為補償，視愛情為旗幟。但是，以整體來看，絕大部分都被反動性的社會拒絕了。因此，我們能感覺到某些影響力。它首先以語言和感情打入社會關係中。

但是，到了一九六〇年代後期，它似乎又帶來某一種幻滅；不過，還是有很多愛的主倡者固執著理想新世界的想法。另一方面，其他的國民對這種想法也逐漸包容。

愛的文化對將來的社會會有什麼影響？這也是我們無法預知的。哪一種會被認可？哪一種愛現在已經被認同了？我們都不知道。很多人認為，自由的性愛是理想的，甚至有人認為這種自由的性愛，人類可以接受。很明顯的，潮流就包含了這兩件要素。

自由的性愛，雖被認為是人類愛的合理性結果。但是，這種想法不一定會引起大多數人的興趣。

另外，它對全人類的愛，也不太普及。但從討論愛的意義，到能更自由地享受愛之間，是需要時間來調適的。我們的態度可能會日漸改變。那麼，我們能預期什麼？我們又期待什麼呢？

人類愛是高度抽象性的反應。所謂的人類愛，是和他人初期經驗一般化的結果，並非因為由上下達的命令而形成的。雖然我們說：「要愛所有的人。」但是，我們不能期待這種情形實現。想達成這個目標，需要更長時間的學習過程，不但這樣，親愛世人和愛某一特定的人，是不同類型的反應。

「我愛世人，所以愛你。」的話，聽起來似乎很符合邏輯，但是，如果把動詞稍作改變，變成對特定人的愛情時，就是將此人從一切人中區別出來，比起其他人，我們特別喜歡和這個人交往。

有些人比其他人，帶給我們較大的利益，因此，會和他保持特別愛的關係（不管其中含有多少人類愛）。我們的確能一般性地眾愛世人，同時，也可以用特別的感覺來愛某些人，但是，絕不可能以愛個人的方法愛世人。

反過來說，假定我們眾愛世人，可能會無法馬上愛個人，這種想法是可以接受的，因為這對社會有益，一旦我們讓他人快樂或幫助他人時，對方就不會拒絕我們（這是我們經常怕發生的事情）。

由這些經驗中，我們學到他人也會愉悅或回報我們。同時，累積這些經驗，愛世人就會被廣泛地推展出去，最後被大眾認同。這種作法會導致很多種的愛，也可能變成只對社會有利。這的確是理想的變化。

另外，一種對我們的愛情特別有影響的現代潮流，是重新探討女性在社會中的角色的女權運動。在過去幾年中，女性解放團體非常風行，都以擴展女性任務為目標，一般來說，這種運動已經從被嘲笑的情形，發展到成為議會活動的原動力。現代的女性，已經擁有了過去大部分被男性獨佔的法律權利。

男女的關係，也從象徵性的存在地位，變為要求她存在的關係。她們從性的對象，改變為性的搭配者，追求性和事業的平等。同時，也以能脫離褓姆或家庭主婦的受限制角色為目標，向政壇進軍。如果她們傳統性的角色差異完全消失或減弱時，這種運動的結果就會影響所有的愛情關係。而且作為愛情初期發展基礎的家庭集團，就會因為這個結果，而起根本的改變。原來能使一切滿足的母親，只能作為愛的對象而已。但是，這並不是壞事。

婚姻生活中的傳統性關係，也可能發生很大的變化。這種變化已經在工業化的社會文化中顯露出端倪。一個家庭內的均衡權力，因為妻子在外面的角色擴大而受影響（尤其是低階層的家庭中），丈夫不再是唯一的工作者，也不是和外界交流的主要人物。所以，他在家庭裏，不再佔優勢。

就某一方面來說，這情形可能很理想。結婚後最容易遇到的大障礙是，因為性角色的不同，造成丈夫和妻子之間，只具共有價值或興趣。如能獲得相似的社會性角色，可能會縮短這個差距。

女性的興趣或職業，是否可以接近男性的興趣或職業？如果是，在這方面有沒有生物學上的決定性（自然）差距？在第五章裏，探討過人的行動、興趣和荷爾蒙（男性和女性荷爾蒙）的關係。而且很明顯的，性荷爾蒙對個人的興趣或行為有直接的作用。

我們也知道，男性與女性興趣的差異，大都是經過學習（社會化的經驗）的結果。當然，這是可以修正的，這樣男性的角色和女性的角色將會比較接近。實際上可以達到哪種程度呢？會有什麼影響？至今仍無定論。

所謂愛情，就是在適當的學習狀況下，自然產生的反應。在世界中，技術、政治、社會，以及其他雖然都可能改變，但是，我們仍會用各種方法的愛來給我們回報的人。也就是，對我們非常重要的行為或會強化我們行為的許多事物，都可能改變。同時，愛情的表現和儀式，也將不同。不過，愛情本身會以基本心態繼續存在。

不再抱怨失去所愛，和失去愛是稍有不同的。要消除已經去世的刺激可能比較難，但是，我們遲早會忘記以前和所愛的人相處的愉悅，這就表示已經克服了失去對方的打擊。想從失去愛的打擊中再度站起來，最有效的方法就是積極地尋求其他有魅力的人。並和他共享某件事。

愛和憎恨有兩個相同的特徵，一個是對人的一般性反應（分別是接近或迴避）；另一個是經常都在同樣的愛情關係中共存。

完全奉獻的愛情，有時反而是自己的挫敗。為了滿足所愛的人的需求，而全面犧牲自己的人，不但會沒有安全感，也會切斷自己喜悅的來源，搶走所愛的人回報的能力。

在現在的年輕人中，興起一種廣愛世人的運動。這個運動，引來很多不同的看法。但是，對人類的抽象愛，和個人的特徵愛，是完全不同的，不能混為一談。

如果女性解放運動過於盛行，對子女早期的愛情經驗可能會影響很大。伴隨而來的改變，就是男女態度上的變化。假如男性與女性的態度和興趣更為接近，男女之間的愛情可能會更強烈。

深入討論愛情，是一個非常複雜的問題。本書說明會影響愛情關係的主要原理，以幫助讀者了解自己和別人的愛情。

太極跤

1 太極防身術

定價300元

2 擒拿術

定價280元

3 中國式摔角

定價350元

簡化太極拳

1 陳式太極拳十三式

定價200元

2 楊式太極拳十三式

定價200元

3 吳式太極拳十三式

定價200元

4 武式太極拳十三式

定價200元

5 孫式太極拳十三式

定價200元

6 趙堡太極拳十三式

定價200元

原地太極拳

1 原地綜合太極二十四式

定價220元

2 原地活步太極四十二式

定價200元

3 原地簡化太極拳二十四式

定價200元

4 原地太極拳十二式

定價200元

5 原地青少年太極拳二十二式

定價220元

6 原地兒童太極拳十捶十六式

定價180元

歡迎至本公司購買書籍

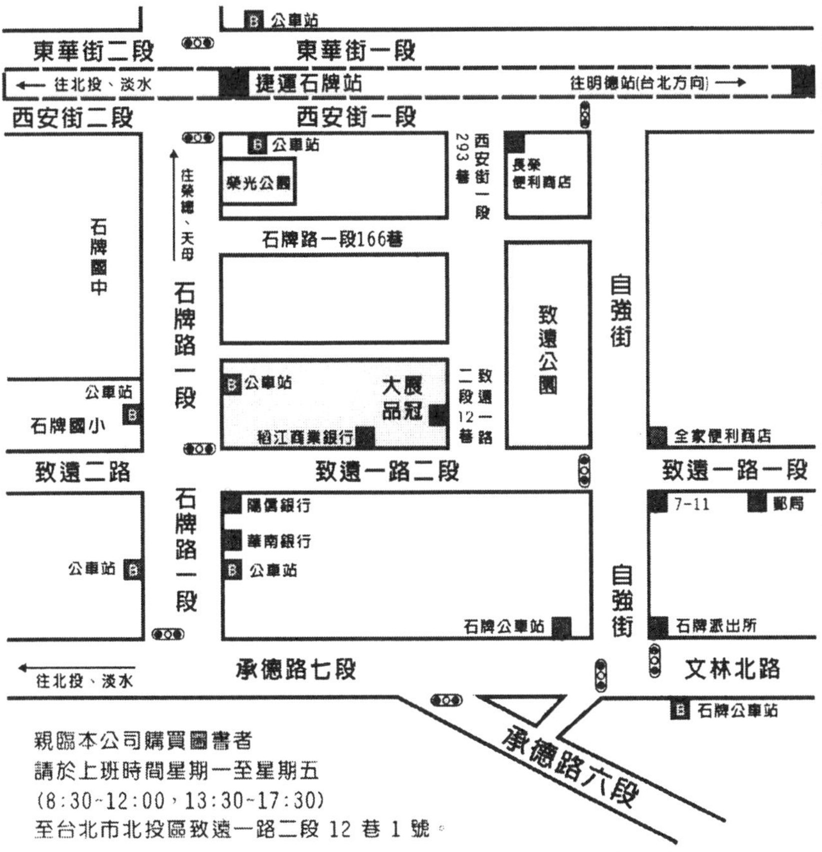

親臨本公司購買圖書者
請於上班時間星期一至星期五
(8:30~12:00，13:30~17:30)
至台北市北投區致遠一路二段 12 巷 1 號。

建議路線

1.搭乘捷運．公車

淡水線石牌站下車，由出口出來後，左轉(石牌捷運站僅一個出口)，沿著捷運高架往台北方向走(往明德站方向)，其街名為西安街，至西安街一段293巷進來(巷口有一公車站牌，站名為自強街口)，本公司位於致遠公園對面。搭公車者請於石牌站(石牌派出所)下車，走進自強街，遇致遠路口左轉，右手邊第一條巷子即為本社位置。

2.自行開車或騎車

由承德路接石牌路，看到陽信銀行右轉，此條即為致遠一路二段，在遇到自強街(紅綠燈)前的巷子左轉，即可看到本公司招牌。

國家圖書館出版品預行編目資料

從愛看人性／黃孚凱編著

－初版－臺北市，品冠文化，民97.10

面；21公分－（生活廣場；17）

ISBN 978-957-468-638-4（平裝）

1. 愛

199.8　　97014947

從愛看人性　　ISBN 978-957-468-638-4

編 著 者／黃　孚　凱
發 行 人／蔡　孟　甫
出 版 者／品冠文化出版社
社　　址／台北市北投區（石牌）致遠一路2段12巷1號
電　　話／(02) 28236031・28236033・28233123
傳　　真／(02) 28272069
郵政劃撥／19346241(品冠)
網　　址／www.dah-jaan.com.tw
E-mail／service@dah-jaan.com.tw
承 印 者／傳興印刷有限公司
裝　　訂／建鑫裝訂有限公司
排 版 者／千兵企業有限公司
初版1刷／2008年（民97年）10月

定　價／220元

大展好書　好書大展
品嘗好書　冠群可期

大展好書　好書大展
品嘗好書　冠群可期